KB190520

생명이라는 선물

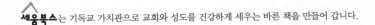
세움북스는 기독교 가치관으로 교회와 성도를 건강하게 세우는 바른 책을 만들어 갑니다.

생명이라는 선물

하나님의 관점으로 다둥이를 낳고 기른 열네 가정 이야기

초판 1쇄 인쇄 2024년 2월 25일
초판 1쇄 발행 2024년 2월 29일

지은이 | 김희진
펴낸이 | 강인구

펴낸곳 | 세움북스
등   록 | 제2014-000144호
주   소 | 서울시 종로구 대학로 19 한국기독교회관 1010호
전   화 | 02-3144-3500
이메일 | cdgn@daum.net

교   정 | 이윤경
디자인 | 참디자인

ISBN 979-11-985894-5-3 (03230)

생명이라는 선물

하나님의 관점으로 다둥이를 낳고 기른
열네 가정 이야기

김희진 지음

세움북스

추천사

하나님께서 선물로 주신 다섯 번째 어린 생명을 통해 김 희진 작가님의 가정이 얼마나 풍요로운 하나님의 은혜를 누리며 살고 계시는지 행간마다 행복이 느껴졌습니다. 또 한 김 작가님이 만나신 열네 가정들도 하나님의 섭리 가운데 자녀를 통한 놀라운 기적을 누리고 있음을 알게 되 었습니다. 이 귀한 책을 통해 결혼과 출산을 기피하는 청 년들에게 하나님께서 가정을 통해 부어 주시는 은혜가 전 달되길 기대합니다. 또한, 저출산 위기로, 교회와 국가의 미래가 암울한 이때, 이 책이 새로운 변화의 시대를 열어 가는데 크게 쓰임받기를 소망합니다.

| 감경철 _ 저출생대책 국민운동본부 본부장, CTS 기독교TV 회장

우리나라는 지금 세계에서 유례없는 초저출산 국가입니 다. 인구소멸 1호 국가가 될 수 있다는 인구학자의 경고 가 나오기까지 합니다. 저출산 문제는 국가 존립의 문제 일 뿐만 아니라 교회 존립의 문제이기도 합니다. 나라가 없으면 예배도 드릴 수 없기 때문입니다. 이런 위기 앞에 서, 이 책이 소개하는 열네 다둥이 가정 이야기는 결혼과 가정, 출산과 양육에 담긴 하나님의 깊은 뜻이 무엇인지

다시 생각하게 해 줍니다. 저자는 가정에 아이가 많을수록 풍성해지는 기쁨과 감사의 고백을 생생하게 전해 줍니다. 이 책을 통해 하나님이 주시는 후사를 낳고 또 낳는 생명의 적용을 하는 부부들이 더 많아지기를 축복합니다.

김양재 _ 우리들교회 담임목사

"대한민국이 침몰하고 있다", "자살하고 있는 한국". 최근까지도 해외 석학과 언론들은 대한민국의 인구 상황을 충격적으로 언급하고 있습니다. 2023년 0.78이라는 역대 가장 낮은 출산율에 대한 당연한 진단입니다. 어쩌다가 이 지경까지 오게 되었을까요. 창세기 1장에 이미 "생육하고 번성하여 땅에 충만하라, 땅을 정복하라"라고 주신 창조주 하나님의 축복의 명령을 거역한 결과입니다. 우리나라는 가난을 극복하기 위해 가족계획, 산아제한이라는 미명으로 낙태를 장려했습니다. 하나님의 계획으로 꼭 태어났어야 할 소중한 생명들임에도, 그것이 살인이라는 것조차 모른 채 저지른 죄에 대한 무서운 결과이며 재앙입니다. 먼저 한국 교회가 태아 살인에 대해 무지, 방조, 침묵한 것에 대해 처절한 회개 운동이 일어나야 합니다. 회개만이 살길이며 회복의 길입니다.

　이러한 때에 '다둥이 가정'의 특별한 이야기를 접하게 되어 매우 기쁩니다. 소중한 생명들을 키우면서 느끼는 가슴 벅차오르는 경외감, 키워 본 사람만이 갖는 비밀스러운 행복의 이야기를 모아 놓은 책입니다. 시편 127편의 "… 젊은 자의 자식은 장사의 수중의 화살 같으니 이것이 그의 화살통에 가득한 자는 복되도다 그들이 성문에서 그들의 원수와 담판할 때에 수치를 당하지 아니하리로다"는 참으로 진리의 말씀입니다. 선교적 차원에서도 자녀들은 화살과도 같기 때문입니다. 다둥이 가정은 훗날 마하나임 군대 같아서 가문이 든든하고 흥할 것입니다.

국가가 막대한 예산을 들여도 인구 절벽 문제를 해결하지 못하고 있는 때, 말씀대로 살기로 결정한 특별한 사람들이 《생명이라는 선물》을 통해 우리나라에 희망을 던져 주고 있습니다. 이 책으로 인해 더 많은 부부가 용감하게 다자녀의 축복을 선택하길 바랍니다. 자녀가 상급이며 기업이라는 하나님의 약속을 믿으며 《생명이라는 선물》을 기대함으로 바라봅니다. 다둥이 가정의 자녀들 속에서 차세대 지도자들이 나올 것을 믿으며 이 책을 기쁨으로 추천합니다.

┃ 이기복 _ 목사, '한 자녀 더 낳기 운동' 바른여성선교회 대표

출생은 죽음과 반대에 있습니다. 하지만, 죽음은 출생 없이 존재할 수 없습니다. 출생은 죽음과 불가분의 관계이며, 앞으로 죽음은 증가할 것입니다. 하지만, 생명의 탄생은 심각한 상황에 처했습니다. 생명의 탄생은 인간의 계획으로 결정되지 않습니다. 그것은 하나님께서 주시는 선

물이고 복입니다. 생명은 하나님께 속합니다. 출생이든 죽음이든 동일합니다. 인간이 출생을 조작하고 죽음을 늦출 수 있다고 여기지만, 그것은 착각입니다. 하나님의 창조 원리를 따라 순종하고 복종하면 됩니다. 그런데 인간은 이에 순종하지 않고 있습니다. 저출산은 자연이나 환경 문제가 아니라 인간의 책임입니다.

《생명이라는 선물》 원고를 읽는 순간, '와, 꼭 필요한 책이 나왔구나'라는 생각이 들었습니다. 본서의 제목도 참 좋습니다. 참으로 생명은 선물입니다. 하나님의 선물입니다. 생명은 믿음으로 받으면 됩니다. 그런데 그 복을 걷어차고 있는 형국입니다. 생명을 믿음으로 받으면 아름다운 선물입니다. 《생명이라는 선물》에는 열네 가정의 생명 이야기가 아름답게 펼쳐집니다. 꼭 읽고 많은 사람에게 소개하면 좋겠습니다.

| 임경근 _ 다우리교회 담임목사. 세 명의 자녀를 출산하고 넷째를 입양한 부모

출산율 0.7로 떨어진 시대, 열 쌍의 부부가 결혼하면 일곱 명의 자녀를 낳는다고 합니다. 이마저 더 떨어질 것으로 예상된다는 인구 절벽의 시기, 아이를 낳아 키우기가 힘들다는 게 이유일 것입니다. 경제적 부담, 아이를 키우는 데 드는 시간과 수고, 자신의 삶을 포기해야 하는 문제, 육아 자체의 힘겨움 등이 그 이유이겠죠. 옛날에는 아이가 가정에 생산력을 제공하는 재산의 개념이었다면 지

금은 아닙니다. 아이로 인해 더 많은 소비를 해야 하고 더 많은 수고를 해야 합니다. 내 시간, 내 성공, 내 행복, 자아 성취가 중요한 이 시대에 아이를 키운다는 것은 많은 대가를 지불하고 시대를 역행하는 일입니다. 그런데 여기, 아이를 다섯 이상씩 낳아 키우는, 세상적으로 볼 때는 참 별나고 신기한 가정들이 있습니다. 본인들도 5남매 다둥이 가정인 부부가 전국에 있는 5남매 이상의 자녀를 양육하고 있는 가정 열네 곳을 일일이 찾아 방문해서 인터뷰를 했습니다.

"저도 아이들을 낳고 키우기 전에는 어떤 일이든 제가 할 수 있다고 생각했고, 잘할 수 있을 거라고 생각했어요. 그런데 사실, 아이를 키우는 일은 제 힘으로 할 수 없다는 걸 깊이 깨달았어요. 자녀 양육을 통해 모든 영역에서 하나님을 의지할 수 있게 된 것이 저의 가장 큰 변화이고 성장인 것 같아요. 아니 성장이라기보다 영적으로 새사람으로 바뀌었다는 생각이 들어요. 아이들이 사랑이 없던 저를 사랑할 수 있는 자로 만들어 준 것 같아요."(122쪽)

다둥이 엄마이자 하나님을 믿고 그분을 따라 살길 원하는 신앙인으로 나 역시 같은 고백을 합니다. "나를 키운 건 육아입니다!"라고….

▌ **제행신** _ 《지하실에서 온 편지》의 저자, 네 아이의 엄마

목차

10년 만에 심겨진 사랑의 씨앗

"뭐라고요? 동생이요? 말도 안 돼요! 엄마 나이가 몇인데…"

6년 전 중학교 3학년이었던 큰딸은 너무 당황한 나머지 굵은 눈물을 뚝뚝 떨어뜨렸다.

"아… 거짓말하지 마세요. 엄마 나이에 어떻게…"

놀라기는 중학교 1학년이었던 큰아들도 마찬가지였다.

"진짜야! 동생이 생겼대!"

산부인과에 같이 다녀온 초등학생인 두 아들은 뒤따라 들어오
며 연신 싱글벙글했다.

44세의 나이, 10년 만의 임신.

나 또한 짧은 시간에 확인된 엄청난 사실로 인해 너무나 놀랐
지만 애써 침착하게 아이들에게 소식을 전했다. 우리 가정에 사
랑의 기적은 이렇게 놀람과 당황으로 시작되었다.

2002년은 월드컵 4강 신화를 이룬 해로 대한민국 국민은 잊
을 수 없는 해이다. 나 역시 그 해를 잊을 수 없는데 4강 신화의
열기가 한창일 때 작은 대안 학교 사과나무 언덕에서 결혼식을
올렸기 때문이다. 남편은 결혼 초기에 가족계획을 묻는 지인들에
게 입버릇처럼 "사명자는 네 명은 낳아야죠."라고 말하곤 했는데
현실이 되었다. 결혼한 이듬해에 첫딸을 낳았고 그 후로 2년 터
울로 연이어 아들 셋을 더 낳았다. 넷째를 낳았을 당시 내 나이는
서른다섯이었고 터울이 적은 어린 네 명의 자녀들을 양육하는 일
은 녹록지 않았다. 그래서 남편에게 이제 아기를 그만 낳고 네 아
이들만 잘 기르자며 정관수술을 받을 것을 권유했다. 남편은 하

나님의 방법이 아닌 것 같아 마음이 불편하다고 했지만 나의 강권에 못 이겨 울며 겨자 먹기로 병원에 다녀왔다.

막내가 어느덧 자라서 다섯 살쯤 되자 아쉬움과 함께 문득 이런 생각이 들었다.

'혹시 하나님이 우리 가정에 맡기려고 계획하신 아이가
더 있었을까? 다섯째 아이를 낳았다면… 그 아이는 어떤 아
이였을까?'

하나님의 계획 속에 있을 것만 같은 다섯째 아이 생각이 나곤했다. 이미 늦은 일이었지만 남편에게 수술을 권했던 일이 후회가 되었다. 남편에게 정관복원수술을 하자고 했지만 남편은 해외 선교에 비전이 있던 터라 나중에 선교지에 가게 되면 현지에서 고아 된 아이들을 함께 돌보자며 복원수술을 반대했다. 그러나 그 후로도 가끔씩 다섯째 생각이 나곤 해서 그럴 때마다 기도했다.

'하나님, 저희 가정에 맡기려고 계획하셨던 아이가 있었
을까요? 남편에게 수술을 권했던 저의 연약함을 용서해주
세요.'

그렇게 기도하기 시작한 지 5년 정도가 지난 후 어느 초여름 날 오후, 아이들을 양육하며 겸하고 있던 직장 일이 뜻대로 되지 않아 낙심된 마음으로 아무도 없는 기도실에 털썩 주저앉아 기도를 했다.

'하나님, 제 삶에 계획하신 일이 있음을 믿습니다. 두 번의 죽음에서 저를 살리신 하나님의 선한 뜻이 있으실 텐데 그 사명 이 땅에서 다 이루어드리고 하나님 앞에 가기를 원합니다. 제가 어떤 삶을 살기 원하시나요?'

그 순간 또다시 다섯째 아이에 대한 생각이 나서 마음을 그대로 하나님 앞에 토했다.

'하나님, 저희 가정에 가장 좋은 것을 주기 원하시는 선하신 하나님이신데 하나님의 계획을 제 생각으로 제한했던 저의 연약함을 용서해주세요. 제가 아이를 더 낳을 수 있을지 없을지, 더 키울 수 있는지 없는지는 저를 만드시고 저보다 저를 더 잘 아시는 하나님의 판단이 가장 옳은데 제가 결정을 했습니다. 제 삶을 향한 하나님의 선하심을 온전히 신뢰하지 못 했던 저의 믿음 없음을 긍휼히 여겨 주세요.

생명이라는 선물

제 생각에는 지금 맡겨주신 네 명의 아이도 잘 못 키우고 있는 것 같지만 하나님의 판단에 맡깁니다. 만약 저희 가정에 더 맡기려고 계획하신 아이가 있다면, 하나님이 보시기에 제가 지금이라도 더 낳을 수 있고 기를 수 있다면 지금이라도 맡겠습니다. 의술로는 막았지만 생명이 하나님께 있으니 강권적으로 주시면 순종하겠습니다. 저에게 가장 좋은 것을 주기 원하시는 하나님의 선하심을 신뢰합니다. 저처럼 연약하고 부족한 자도 하나님께 쓰임 받을 수 있다면 하나님의 뜻대로 사용해주세요. 제 삶의 주권을 온전히 하나님께 내어드립니다. 이것이 하나님께 드릴 수 있는 저의 작은 믿음의 고백입니다.'

이렇게 기도하는데 하염없이 눈물이 흘렀다.

그로부터 한 달쯤 후 해남으로 2박 3일 동안 가족 여행을 다녀왔다. 가족 여행을 하는 내내 날씨가 무덥기도 했지만 돌아온 후 나는 몹시 지쳐 있었다. 머리가 아프고 어지러울 뿐만 아니라 속까지 울렁거렸다. 이동하는 동안 차 안에서 오랜 시간 틀었던 에어컨 때문에 냉방병이 걸린 것이라고 판단하고 며칠 안정을 취하면 나아지겠지 했는데 갈수록 증상이 심해졌다. 게다가 가슴도 아파왔다. 마침 그즈음에 유방암 수술을 받은 친구가 전화 통화에서 혹시 모르니 정밀 검사를 받아 보라고 권유해서 검사를 받았다. 검사 결과에 이상 소견이 있어 더 정밀하게 검사를 받기 위해 근처 종합 병원으로 향하던 중 문득 '혹시 임신이 아닐까?' 하는 생각이 스쳤다. 남편에게 약국에 들러 임신 테스트기를 구입하겠다고 하자 남편은 어이가 없다는 표정으로 코웃음을 쳤다. 그도 그럴 것이 남편은 넷째 아이를 낳고 수술한 지 10년이나 지났을 뿐 아니라 벌써 머리카락이 절반쯤은 희어졌고 나도 마흔네 살이나 되었으니 말이다.

그래도 혹시 모르니 검사를 해 보고 싶다는 나의 고집에 못 이겨 남편은 할 수 없이 약국 앞에 차를 세워 주었다. 임신 테스트기를 사서 화장실로 향했다. 테스트를 하자마자 임신 테스트기에 너무도 선명한 두 줄의 분홍색 선이 나타났다. 곧이어 당황스럽긴 하지만 임신일 수도 있겠다는 생각이 들어 임신 여부를 검사하기 위해 급히 산부인과로 걸음을 옮겼다. 검진실로 들어가 검사 준비를 하는 동안에도 나는 늦은 나이에 괜한 소란만 피우는 것은 아닌가 하는 마음이 들었다. 그런데 의사 선생님의 입에서 나오는 말에 나는 귀를 의심할 수밖에 없었다.

"아기집이 확실히 보이네요! 임신 9주 차입니다. 심장 소리 들려 드릴게요!"

생명이라는 선물

갑작스레 일어난 일들에 마치 꿈을 꾸고 있는 것만 같았다.

'어떻게 나에게 이런 일이…?'

얼굴을 꼬집어보았다. 아기의 힘찬 심장 소리가 꿈이 아님을 일깨워 주었다. 심장 소리를 듣는 내내 내 심장도 함께 마구 뛰었지만 나도 모르게 입가에는 미소가 번졌다. 내 안에 새 생명이 자라고 있다는 사실이 너무나 신기하고 기뻤다. 동시에 마리아가 떠올랐다. 나도 이렇게 놀랐는데 동정녀였던 마리아는 예수님 잉태 소식에 얼마나 더 놀랐을까?

남편은 대기실에서 당연히 임신이 아닐 거라고 생각하며 태연히 책을 읽고 있었다.

"남편, 우리 다섯째 아이가 생겼어요."

너무 놀란 남편은 한동안 멍한 표정으로 나를 바라보더니 한참 후에야 입을 뗐다.

"아… 하나님… 무슨 뜻이…?"

남편은 갑작스런 상황에 대해 해석하느라 며칠 동안 밥을 잘 먹지 못 했다. 나 또한 예상치 못한 결과에 놀란 마음을 진정시키느라 이틀쯤 지낸 후에야 한 달 전 기도실에 홀로 앉아 드렸던 기도가 떠올랐다.

'아, 하나님이 나의 은밀한 기도를 들으셨구나. 우리 집에 맡기려고 계획하신 아이가 더 있었구나. 삶의 주권을 하나님께 온전히 드리겠다는 작은 믿음의 고백을 기쁘게 받으셨구나!'

살아계신 하나님, 선하신 하나님의 손길이 너무나 가깝게 느껴졌다. 그러나 44세의 늦은 나이에 열 달 동안의 임신 기간을 견디는 일은 생각보다 힘겨웠다. 임신 4개월 때부터 걸음을 내딛는 것조차 통증으로 힘들어 걷다가 쉬어 가곤 했다. 만삭인 상태에서 네 아이들을 돌보는 일도 녹록지 않았다. 힘든 고비마다 하나님은 여러 사람들을 통해 위로와 격려를 해주시며 '내 딸아, 순종해 주어 고맙다. 네 수고를 다 알고 있다'라고 말씀해주셨다.

노산으로 인해 극심한 진통을 겪을 때에는 나에게 새 생명을 주시기 위해 십자가의 고난을 겪으신 예수님의 깊은 사랑을 묵상하게 하시며 잘 견뎌 내게 하셨다.

이듬해 3월의 따스한 봄날 다섯째는 그렇게 홀연히 꽃씨처럼 날아와 우리 집 정원에 심겨졌다. 기적과 같은 임신과 출산 과정을 겪는 가운데 다섯째 아이를 향한 하나님의 특별한 계획이 있을 거라는 생각이 들었다. 산후조리원에서 아기를 안고 시편 말씀을 묵상하는데 절로 기도가 나왔다.

> 오직 주께서 나를 모태에서 나오게 하시고 내 어머니의 젖을 먹을 때에 의지하게 하셨나이다 내가 날 때부터 주께 맡긴 바 되었고 모태에서 나올 때부터 주는 나의 하나님이 되셨나이다 (시 22:9, 10)

'하나님, 이 아이를 저희 가정에 맡기신 하나님의 선한 뜻이 있음을 믿습니다. 이 아이를 통해 한 생명이 얼마나 귀한지를 많은 사람들이 알게 해주세요. 이 아이를 저희 가정에 계획하셨고 맡기기 원하셨던 것처럼, 각 가정마다 하나님이 맡기시려고 계획한 자녀들이 있음을 알리는 삶을 살게 해주세요. 이 아이를 생명전도사로 써주세요.'

10년 만에 날아온 작은 꽃씨 하나로 가족 정원에는 사랑의 꽃이 만발하게 피어났다. 큰아이들은 터울이 많이 진 막내를 생각이상으로 너무나 사랑해주었다. 막내와 16살 차이가 나는 큰딸은 막내가 자기를 보고 웃으면 심장이 녹는 것 같고, 막내로 인해 기쁨을 이기지 못하겠다며 하나님이 자기를 그렇게 사랑하신다는 말씀이 체감된다고 했다. 세 형들도 어린 동생의 탄생을 신기해하고 너무 예뻐했다. 서로 막내의 관심을 차지하려고 갖은 방법을 동원했다. 고3이 된 큰아들은 막내가 어린이집에서 하원할 때 무등을 태워 집에까지 걸어오곤 했다. 막내가 가족들을 위해 아무것도 하지 않아도 막내로 인해 기쁨과 사랑이 샘솟았다. 하나님이 자녀 삼으신 우리를 볼 때 그런 마음이 아닐까 하는 생각이 들었다.

이렇듯 놀람과 당황으로 시작되었던 막내와의 첫 만남이 이제는 가족 모두의 환희와 탄성으로 바뀌었다.

"막내야! 10년 동안 어디에 있다가 이제야 왔어?"

막내가 네 살이 된 어느 날 오후 새근새근 소리를 내며 낮잠을 자고 있는 모습이 너무나 사랑스러워 한참 동안을 물끄러미 바라보고 있는데 마음이 뜨거워졌다.

'아, 하나님은 정말 사랑이시구나. 하나님이 사랑이 아니시라면 이렇게 사랑스러운 존재를 만드실 수 없으셨겠지?' 하는 생각이 들었다. 순간 내 마음에 '내가 너도 이렇게 사랑스럽게 만들었단다' 하는 하나님의 음성이 들리는 듯했다. 하나님의 따스한 음성에 오랜 기억 속에 쌓여있던 거절감의 상처들이 눈 녹듯이 사르르 녹아 눈물로 흘러내렸다. 하나님은 아담을 창조하셨던 현장으로 나를 이끄셨다. 따스한 느낌을 기억하고 싶어 급히 메모지와 펜을 꺼내 적어두었다.

깊이 잠든 아기의 따스한 숨결에 가만히 코를 대어본다

작은 코에서 나오는 깊고 평안한 숨소리

생명이 있음을 알리는 따뜻한 숨결이

어느덧 나를 에덴동산으로 인도한다

흙으로 섬세하게 하나하나 정성껏 빚은 사람에게

사랑의 깊은 호흡을 불어 넣으신다

그와 나눌 사랑을 기대하며 기쁨과 설렘으로

눈을 뜨고 숨을 쉬며 움직이기 시작하는 사람을

그윽한 눈길로 바라보신다

사랑스런 아담아

내가 널 만들었단다

보기에 참 좋구나!

그 사랑으로 이 아기에게 생명의 숨을 주셨구나

그렇게 소중하게 만들어진 아이를 나에게 맡기셨구나

한 생명 한 생명이 모두 하나님의 숨결을 가진 존재구나

아기의 숨결에서 그분의 사랑이 흘러나와 온 방 안에 가득하다

창으로 들어오는 따뜻한 햇살에 온 방이 훈훈하다

아기의 따스한 숨결이 닿아 눈물이 뜨겁다

잠든 아이를 보며 나를 바라보시는 하나님 아버지의 그윽한 눈길이 느껴져 뜨거운 눈물이 흘렀다. 동시에 나의 삶 가운데 아찔했던 한 순간이 떠올랐다.

대학 휴학 중 삶의 모든 소망을 잃고 죽음을 기다리며 하루하루를 죽지 못해 살고 있었다. 더 이상 살 소망도, 이유도 없다는 생각에 다음 날 아침에 눈이 떠지지 않았으면 하는 간절한 바람으로 잠이 들곤 했다. 죽음을 기다리고 있던 칠흑같이 어두운 밤 같은 나날이었다.

어느 날 밤 5층에 위치했던 방의 창문을 열고 아래를 내려다보았다. 이미 여러 번 그러했듯이 내가 죽으면 슬퍼할 한 사람, 엄마가 떠올라 뛰어내리지 못하고 울며 고개를 저었다.

문득 고개를 들고 눈을 떴을 때 근처 작은 교회의 십자가가 눈에 들어왔다. 눈물에 어려서일까? 붉은 십자가는 더욱 크고 밝게 빛났다. 동시에 머릿속에 '저기에는 무언가 소망이 있다'는 생각이 강하게 스쳤다. 다음 날 나의 발걸음은 큰언니가 다니고 있던 동네의 작은 교회로 향했고, 교회 청년부 모임에서 지금의 남편

을 만나면서 삶에 빛이 비치기 시작했다.

'그때 하나님께서 십자가를 보여주지 않으셨다면, 이 사
랑스런 아기를 만날 수 없었겠지…. 사랑하는 남편과 사랑하
는 다섯 자녀들. 이들을 만날 수 있었던 선물 같은 삶이 하나
님의 계획이었구나. 그때 내가 삶을 포기했다면 이 아이들에
게도 삶을 선물해줄 수 없었겠구나.'

여기까지 생각이 미치자 삶과 죽음의 기로에 있었던 짧은 순
간이 아찔하게 느껴졌다.

하나님을 만나기 전에 나를 끊임없이 따라다니며 괴롭혔던 꼬
리표는 '아들을 낳으려다 잘못 낳은 딸'이었다. 그러나 하나님을
만난 후 내 삶을 향한 하나님의 뜻을 눈물로 간절히 여쭈었을 때
하나님은 '너는 복의 근원이란다. 네게서 날 자손들이 많은 영혼
들을 하나님께 돌아오게 하는 축복의 통로가 될 거야'라는 마음
을 주셨다. 예수님을 만나면서 선물 같은 삶을 다시 살게 되었다.
아무 소망이 없이 칠흑 같은 어둠 가운데 있던 나에게 결혼과 가
정은 빛의 통로가 되어주었다. 하나님은 남편을 통해 하나님 아
버지의 친밀한 사랑을 만지게 해주셨고, 자녀들을 통해 아바 아

버지의 자녀들을 향한 깊은 사랑을 알아가게 하셨다.

우리 부부를 통해 이 땅에 태어난 다섯 자녀들이 하나님을 만나 삶이 선물이 되었으면 좋겠다. 이 아이들 또한 앞으로 낳을 자녀들에게 생명이라는 선물을 전해주었으면 좋겠다. 나의 자녀들뿐 아니라 하나님의 자녀 된 그리스도인들이 믿음의 가정을 이루고 하나님이 계획하신 생명들이 이 땅에 태어나 선물 같은 삶을 살 수 있게 해주는 축복의 통로가 되어주었으면 좋겠다는 소원함이 생겨났다.

내가 경험했던 결혼, 출산, 가정을 통해 하나님 나라가 확장되어 가고 있는 신비를 어느 순간부터는 다른 사람들과도 나누고 싶은 마음이 일기 시작했다. 그러던 중 저출산으로 치닫고 있는 대한민국이지만 나처럼 생명을 향한 하나님의 뜻에 순종하고자 하는 가정들이 있지 않을까 하는 궁금증이 생겼다. 그들은 과연 어떤 마음과 어떤 생각으로 결혼, 출산, 가정을 바라보고 있는지 이야기 나누고 싶어졌다. 비록 내세울 것도 없고, 특별히 잘하는 것도 없는 연약한 자이지만 부르심에 순종하는 마음으로 사람들을 만나기 시작했다. 결혼 후 오직 가정의 울타리 속에서만 있던 내가 펜을 들고 낯설지만 왠지 익숙한 누군가의 울타리 속으로 용기를 내어 순례길을 나서게 되었다. 각 가정을 방문할 때마다 순례자의 마음으로 하나님을 의지하며 길을 나섰다. 하나님께서는 순례의 길에서 만난 가정들을 통해 나에게 당신의 마음을 보여주셨다.

이 책은 내가 순례길에서 만난 열네 가정의 이야기이다. 결혼과 출산 그리고 양육과 가정에 대한 세상의 관점이 아닌 하나님의 뜻에 순종하기 위해 기꺼이 자신의 삶을 하나님께 드린 치열한 삶의 흔적이 담긴 이야기이다. 결혼이 자아 성취에 걸림돌이 되며 더욱이 자녀 양육은 자아실현을 방해하는 것이라는 생각이 만연한 세상에서 하나님의 부르심을 따라 믿음의 걸음을 걷는 '남은 자들'의 기록이다. 세상의 풍조를 거슬러 하나님의 말씀을 기준 삼아 연어처럼 물살을 거슬러 올라가는 사람들을 통해 말씀이 삶이 된 이야기이다.

동시에 이 책은 하나님께서 이 땅에 허락하신 첫 번째 공동체인 가정을 향한 하나님의 마음이 담긴 이야기이다. 따라서 우리에게 생명을 주신 분도, 결혼을 허락하신 분도, 가정을 이루게 하신 분도 하나님이시기에 하나님의 이름만 높아지기를 바라는 마음으로 부모와 자녀들의 이름을 거론하지 않고 특별한 명칭으로 일반화했다. 자녀들을 열 달 동안 태중에 품고 출산을 하는 따뜻한 둥지 같은 아내는 '둥지 님'으로, 아내와 자녀들을 지지해주며 나무처럼 변함없이 자리를 지켜주는 남편은 '나무 님'으로 표현하였다.

마지막으로 단순히 호기심에서 시작했던 순례의 길 끝에서 나는 진정한 자아실현의 의미를 새롭게 해석하게 되었다. 그리고 순례의 길을 걸으며 만난 열네 가정들을 통해 나는 하나님의 마음을 알게 되어 큰 위로와 격려를 받았다. 바라기는 내가 받은 위로와 격려가 순례길에서 만난 열네 가정에게도 동일하게 이어졌으면 좋겠다. 무엇보다 지금 이 책을 읽고 있는 당신에게도 하나님의 마음이 만져지는 따스한 순례의 여정이 되기를 간절히 기도한다.

1부

사랑해서
순종합니다

첫 번째 만남

순종의 풍성한 열매

하나님께서 인도하신 첫 만남에 대한 기대와 설렘으로 차에
올랐다. 고양시에 있는 한 교회 주차장에 도착했을 때 둥지 님은
벌써 나와서 우리를 기다리고 계셨고 반갑게 환대해주셨다. 인터
뷰를 요청하는 과정에 카톡으로 서로 글을 주고받았는데 그때마
다 둥지 님은 늘 시편 말씀으로 격려해주셨다. 참으로 마음이 따
뜻한 분일 것이라 생각했는데 실제 둥지 님의 외모에서도 푸근함
이 느껴졌다.

둥지 님의 안내로 담소 나누기 좋은 곳으로 이동했다. 둥지 님
에게 인터뷰에 응해주신 것에 감사의 마음을 나누었다. 둥지 님
은 자녀들을 낳고 기르는 일이 너무 귀하고 축복된 일이라 다른

가정에도 그 마음을 나누고 싶던 차에 좋은 기회라는 생각이 들었다고 했다. 둥지 님과 잠시 이야기를 나누고 있을 때 나무 님이 오셨다. 목회자로서 토요일은 분주할 수 있는데 기꺼이 시간을 내주신 두 분께 감사한 마음이 들었다.

둥지 님의 청년 시절 나무 님은 '교회 오빠'였다. 나무 님은 20대에 주님을 뜨겁게 만나 뒤늦게 신학을 하고 지금은 목회자의 길을 걷고 계셨다. 둥지 님이 웃으면서 가볍게 말문을 열었다.

"연애를 시작할 때에는 남편이 목회자의 길을 갈 줄은 몰랐어요. 만일 알았다면 연애를 시작하지 않았을지도 몰라요. 그런데 남편이 목회자의 사명을 받았고 하나님이 제 마음을 움직여 주셔서 그 길이 축복된 길이라는 생각이 들었어요."

결혼 전부터 다자녀 계획이 있었는지 궁금했다. 둥지 님은 청년 때부터 "생육하고 번성하라"는 창세기 말씀이 하나님이 주신 사명이라고 생각을 하고 나름 준비를 하고 있었다고 했다. 나무 님은 연애를 할 때에는 둥지 님이 좋아서 '우리가 아이를 많이 낳는 것이 전도하는 것'이라는 둥지 님의 생각에 동의를 해주었다고 했다. 나무 님은 모태 신앙으로 자란 둥지 님의 좋은 생각이

자신에게도 영향을 주어서 말씀대로 사는 것을 삶으로 실천하는
게 좋겠다는 생각이 들었다고 했다. 하나님은 두 사람의 마음의
소원에 응답해주셨다. 결혼 후 말씀에 순종하여 하나님이 허락하
시는 대로 자녀를 출산하여 지금은 1남 6녀, 일곱 명의 자녀를 양
육하고 있었다. 둥지 님은 앞으로도 하나님께서 자녀를 허락하시
면 기꺼이 순종하고 싶다고 했다. 자신이 특출 나게 잘하는 것은
없지만 자녀들을 출산하고 양육해보니 너무 귀한 일인 것 같다며
이것이 자신의 사명인 것 같다고 겸손하게 말했다. 비록 어려움
은 있었지만 그 가운데서 하나님이 주시는 은혜가 있었다며 그간
의 출산과 양육 과정에서 있었던 기억들을 나누어주셨다.

"일곱 자녀들이 태중에 있을 때 태명을 짓고 그렇게 자라
기를 기도했어요. 아이들을 태중에 주셨을 때마다 '믿음, 소
망, 사랑, 열매, 축복, 은혜, 거룩'이라는 태명으로 짓고 그렇
게 살아가기를 바랐어요. 그런데 정말 하나님께서 그렇게 자
라게 해주시는 것 같아요.
다섯째 축복이가 태어났을 때 아기 울음소리에 힘이 없어
서 검사를 해 보니 폐가 쪼그라들어 있다고 하더라고요. 치
료를 받는 일주일 동안 주변에서 정말 많은 기도를 해주셨고
다행히 약물치료만으로도 회복이 되었어요. 힘든 시간이었

지만 많은 기도를 받는 '축복'을 누린 아이가 된 거죠. 또 일곱째 거룩이는 자연 분만을 원했는데 임신 기간을 다 채우지 못하고 32주에 제왕절개를 해서 낳았고, 소원했던 모유수유도 하지 못 했어요. 하지만 그 바람에 그동안 계속된 출산과 양육으로 누리지 못 했던 쉼을 조금이나마 누릴 수 있는 시간을 가졌어요. 이렇게 크고 작은 어려움들은 있었지만 태명대로 자라게 하시는 기도 응답을 경험하고 있는 것 같아요. 아이들이 태어날 때마다 서로 다른 매력을 가지고 태어나더라고요. 마치 무지개의 일곱 빛깔이 서로 다른 색을 내지만 조화를 이루는 것처럼, 일곱 아이들이 모두 다른 성격을 가지고 있는 게 신기했어요."

14살 청소년부터 3살 아이까지 일곱 명이나 되니 부모의 손이 많이 갈 것 같은데 인터뷰를 할 때에는 아이들이 없었다. 아이들을 주변의 어른이 돌봐주고 있을 거라 짐작했다. 인터뷰를 위해 다른 누군가의 도움의 손길을 요청한 것 같아 미안한 마음이 들어 조심스럽게 물었다.

"아이들이 어린데 그 많은 아이들을 지금 누가 돌보고 있나요?"

그러자 둥지 님이 말을 이어받았다.

"자녀가 많으니 둘씩 짝을 지어 멘토와 멘티를 연결해주고 큰아이가 작은아이들을 돌보도록 하고 있어요. 시간이 갈수록 큰아이들이 동생들을 잘 돌봐줘서 부부만의 시간을 많이 갖자던 결혼 초의 계획을 실천할 수 있게 됐어요. 생각보다 빨리 이런 시간이 와서 너무 좋아요."

홈스쿨링을 통해 자녀들을 양육하고 있는 두 분은 '자녀 매칭 시스템'을 통해 자녀들의 공동체성은 물론 자녀들 간 상호 문제를 지혜롭게 해결하는 방법을 자녀들에게 교육하고 있었다. 이로 인해 분주한 자녀 양육 과정에서도 두 분만의 자유를 확보하는 지혜를 찾아갈 수 있었다.

나무 님은 이에 대해 어린아이들을 양육하는 부모들에게 말해주고 싶다고 했다.

"자녀 양육은 물론 고단하고 힘들어요. 아주 힘든 꼭짓점이 있어요. 그런데 거기만 딱 넘으면 우리가 전혀 예상하지 못한 들판이 나와요. 큰아이들이 동생들을 돌보고, 큰아이가 없을 때에는 그 밑에 동생이 또 동생들을 돌보더라고요. 다른 집은 3,4세면 아기인데 저희 집은 애들이 다 동생들을 돌보다 보니 다들 금세 언니가 돼요. 그러니 조금만 더 힘을 내고 그 고비만 조금 넘기면 생각한 것보다 빨리 좋은 시간들을 가질 수 있어요. 넓은 들판이 곧 펼쳐집니다."

가정 안에서는 이렇듯 순종의 풍성한 열매를 맛보고 있지만 주변의 시선이 궁금해졌다.

"주변 사람들의 시선은 어때요?"

"간혹 차에서 아이들이 내리면 모두 한 집 아이들이냐고 묻기도 하고 어느 어린이집에서 왔냐고 묻기도 해서 우리 집 아이들이라고 하면 모두 놀라죠. 딸 많은 게 좋다고 잘했다고 하시기도 하고, 아이들 다 키우신 분들은 부러워하기도 하고 축복과 격려해주는 분들이 많아서 요즘에는 참으로 감사해요."

처음부터 그랬던 것은 아니었다. 자녀를 많이 낳을수록 가까운 지인들의 반대가 심했다고 한다. 심지어 자녀를 양육하려면 양육비가 많이 드는데 자녀를 자꾸 낳으니 돈이 많아서 자녀를 낳는다고 오해를 받기도 했다고 한다. 그러나 아이들이 커 갈수록 주변의 염려와 반대가 축복과 부러움과 격려로 바뀌고 있다고 한다.

자녀들이 많으니 기억에 남는 에피소드가 많을 것 같아서 가장 기억에 남는 일이 무엇인지를 물었다. 두 분은 같은 사건을 떠올리며 지금은 웃으며 이야기할 수 있지만 당시에는 너무나 놀라고 힘든 시간이었다며 아찔했던 한 사건을 들려주셨다.

"제가 사역을 하느라 바빠서 아내 혼자 일곱 아이들을 차에 태우고 성남 부근에 외출을 했다가 집으로 돌아왔어요. 차 안에서 몇 아이들이 잠이 들어서 집에 도착한 후 차를 세워 놓고 큰아이들은 집으로 들여보내고 제가 작은아이들을 한 명씩 안아서 집에 데려다 놓았어요. 한참 동안 그렇게 계속해서 집으로 데리고 들어오고 일곱 번째 아이를 데리러 차에 갔는데 아내가 차 안에서 주저앉아 울고 있는 거예요. 그래서 무슨 일이냐고 물었더니 갑자기 여섯째가 차에 없다는 거예요. 그래서 트렁크도 살펴보고, 차 바닥에 굴러다닐 수도 있으니 샅샅이 살펴봤는데 아이가 없는 거예요. 출발했던 장소는 집에서 한 시간 이상 떨어진 거리이기 때문에 제 머릿속이 하얘졌죠. 어떻게 된 일인지를 물었더니 여섯째 아이가 화장실을 간다고 하니 짝꿍을 지어준 아이가 데리고 갔는데 끝까지 책임을 못 지고 화장실에 놓고 와 버린 거죠. 엄마는 큰아이가 차에 탔으니 동생도 왔겠거니 하고 출발을 해버렸고, 아이는 뒤늦게 나왔는데 차는 이미 출발을 한 상태였던 거죠."

둥지 님도 그날의 상황을 떠올리며 다급히 말을 이어갔다.

"다른 때에는 저희가 늘 아이들을 번호를 세고 출발하는데 그날은 다른 엄마들이 먼저 차를 타고 가니까 차를 빨리 빼줘야겠다는 생각 때문에 아무 의심도 없이 번호도 세지 못했어요. 돌아오는 차 안에서도 캠프에 갔다 온 큰아이가 너무 신나게 캠프에서 있었던 일을 이야기하는 것을 듣느라 한 명이 없다는 것은 생각도 하지 못 했었죠. 너무 특별한 날이었어요.

데리러 가는 길에 같이 간 짝꿍도 펑펑 울고, 저도 거의 정신을 잃었고, 남편은 과속을 해서 급하게 갔어요. 그런데 다행히 어떤 좋은 분이 남겨진 아이에게 따뜻한 음료수도 사주시고 경찰에 신고를 해줘서 경찰서에서 아이를 무사히 잘 찾아오게 되었어요. 그 일로 저희 가정이 깨닫는 바가 정말 많았어요. 그래서 그 후로는 저희가 꼭 아이들 수대로 번호를 세고 돌아온답니다. 그러고 보니 그 아이 태명이 은혜였네요. 다시 찾은 은혜…"

자녀들로 인해 가슴을 쓸어내렸을 일이 어찌 이 일 뿐이랴. 다 말씀은 못하셨지만 일곱 아이들을 키우며 울고 웃었던 수많은 사건과 상황들이 있었을 거라 짐작이 되었다. 그렇게 부모의 가슴이 커져가고 깊어져 가는 것이라 생각했다.

나무 님과 둥지 님에게 힘들고 가슴 졸이는 일만 있었던 것은 아니었다. 아이들을 통해 나무 님과 둥지 님은 성장하고 있었다. 나무 님은 자녀들이 자신의 영적 조력자라고 말했다. 자신 안에 있는 죄와 연약함이 자녀들에게 흘러가게 될까 봐 더 치열하게 영적 훈련을 하게 된다고 했다. 어린 자녀들을 돌보기 위해 체력 관리도 하게 되었다. 둥지 님은 섬세함이 부족한 자신이 많은 자녀들의 필요를 살피고 채워주면서 다른 사람들의 필요를 섬세하게 살피는 마음이 자라고 있다고 했다. 자신이 인격적으로 많이 부족해서 하나님께서 다양하고 많은 아이들을 허락하신 것 같다며 겸손한 고백을 했다.

"홈스쿨링을 하면서 각기 다른 기질과 성격을 이해하게
되고 자연스럽게 자녀를 대하는 방법도 배우게 되니 자녀들
을 바라보는 시각도 넓어지게 되었어요. 결혼 전에는 관심이
없던 요리도 최근에는 아이들을 위해 더 신경을 쓰게 되면서
배움의 지경이 넓어진 것 같아요."

둥지 님의 말에 나무 님도 고개를 끄덕이며 공감하셨다.

"저는 개인적으로 옆에서 아내를 보면 아내가 참 존경스
러워요. 남자와 여자의 성향 차이일 수도 있지만 저는 집에
서 두 시간 이상 아이들하고 있으면 힘들더라고요. 좋은 아
빠가 되고 싶다는 결심을 매일 하지만 무너지곤 하고 이성
의 한계를 넘는 때가 많아요. 그런데 아내는 홈스쿨링을 하
기 때문에 매일 긴 시간 아이들과 함께 가정에 있어야 되는
데 대단하다는 생각이 들어요. 그런 과정 속에서 아내도 더
욱 깊어지고 커지는 게 보여요."

두 분의 진솔한 나눔을 들으며 많은 자녀들과 함께 울고 웃으
며 오랜 세월 사랑으로 부대끼는 가운데 자연스럽게 하나님의 성
품으로 자라가게 되는 것이 아닐까 하는 생각이 스쳤다. 더 나아

가 예수님의 성품을 닮아가고자 노력하는 두 분의 가정 속에서 아이들은 작은 천국을 맛보고 있을지도 모른다는 생각이 들었다.

가정을 하나님 나라를 경험하는 '작은 천국'이라고 생각하는 둥지 님의 말이 공감이 되었다. 물론 죄가 있지만 서로 용서해주고 위로하고 격려하면서 사랑을 경험하는 곳이라고 했다. 그래서 자녀들에게도 꼭 가정을 이루고 자녀를 많이 낳기를 권한다고 했다. 그런 영향으로 셋째 사랑이는 결혼하면 아이들을 많이 낳을 거라고 벌써부터 이야기한다고 했다. 가정을 선물이자 사명이라고 생각하는 나무 님은 자녀 출산과 양육은 하나님 사랑, 이웃 사랑, 나라 사랑을 실천하는 것이라고 했다.

"자녀 양육은 고단하고 많은 희생이 필요한 일인 것 같아요. 그러나 우리에게 자녀 양육은 하나님 사랑, 이웃 사랑 그리고 나라 사랑을 위한 작은 순종인 것 같아요. 어떤 사람들은 나라를 지키기 위해 피를 뿌리기도 했는데 우리도 나라 사랑을 위한 수고를 해야 하지 않나 하는 생각도 들어요. 더나아가 자녀들에게 생육하고 번성하라는 말씀에 순종하는 모습을 보여주고 싶었고 자녀들에게는 형제들을 선물해주는 거라고 생각해요. 무엇보다 하나님을 사랑하고 순종하는 마음을 자녀들에게 유산으로 남겨주고 싶어요."

더불어 하나님을 믿는 사람들이 더 앞서서 하나님의 명령에 순종해서 자녀들을 많이 낳는 복을 누렸으면 좋겠다는 말씀을 하셨다. 정부는 이를 위해 생명과 가정에 대한 교육과 문화의 변화를 이끌어내는 정책을 펼치면 좋겠다는 말씀과 실질적인 출산 장려 정책의 필요성도 이야기하셨다. 특히 일곱 자녀를 양육하는 데 어려움이 없도록 주거 공간에 대해 지원책이 있으면 좀 더 현실적인 방법이 될 것 같다는 의견을 주셨다. 귀한 일을 감당하는 이 가정이 주거 공간으로 인한 어려움은 겪지 않도록 해주었으면 좋겠다는 동일한 생각을 하며 인터뷰를 마쳤다.

다둥이 가정과의 첫 만남을 가지는 내내 이 귀한 가정을 바라보시는 하나님의 잔잔한 미소가 그려졌다. 하나님을 사랑해서 하나님의 말씀에 순종해드리고픈 마음, 그렇게 살아드리는 삶이 너무나 고귀하고 아름다워 보였다. 때로는 부모로서 많이 부족한 것 같아 미안한 마음이 들기도 하고, 감당해야 할 많은 일들로 고단하고 지치기도 하지만 하나님을 사랑해서 순종하는 모습을 보며 자녀들은 이미 살아있는 믿음과 순종을 유산으로 받고 있는 것이 아닐까?

"저는 다시 태어나도 이 길을 걸어갈 거예요!"

질문에 한 치의 망설임도 없이 대답하는 둥지 님의 다부진 목소리가 집으로 돌아가는 차 안에서 계속 귓가에 맴돈다. 순종의 아름다운 메아리가 되어.

| **말씀이 삶이 되다** |

하나님이 자기 형상 곧 하나님의 형상대로 사람을 창조하시되 남자와 여자를 창조하시고 하나님이 그들에게 복을 주시며 하나님이 그들에게 이르시되 생육하고 번성하여 땅에 충만하라, 땅을 정복하라, 바다의 물고기와 하늘의 새와 땅에 움직이는 모든 생물을 다스리라 하시니라 (창 1:27, 28)

좁은 길에서 만난 하나님의 위로

"아내! 오늘 너무 특별한 가정을 알게 됐어요!"

남편은 중학교와 고등학교가 있는 서산의 한 기독교 대안 학교를 섬기고 있다. 입학할 학생들을 선발하는 캠프의 원서를 접수받고 있던 시기에 어느 날 집에 돌아온 남편이 흥분된 목소리로 이야기를 했다. 중학교 신입생 원서 접수를 한 학생이 있는데 우리 가정과 같이 다섯 자녀가 있는 가정의 첫째 아이라는 것이다. 놀라기는 나도 마찬가지였다. 요즘 같은 시대에도 우리처럼 자녀를 많이 낳는 가정들이 이렇게 가까이에 있다는 사실이 반갑기도 하고 감사해서 학생의 부모님을 꼭 만나보고 싶었다. 마침 그 학생이 선발 캠프에 합격을 하여 학교에 다니게 되었고 부모님과도 교제를 할 수 있게 되었다. 인터뷰를 요청하자 흔쾌히 응해주셨고 큰아이 입학에 이어 2년 후에 둘째 아이도 선발 캠프에 참여하게 되어 학교를 방문하셨다.

다섯 자녀들의 부모라고는 믿어지지 않을 만큼 아직도 청년 같은 외모의 나무 님과 둥지 님이 다정한 모습으로 만남의 장소로 오셨다. 어린 세 아이는 친정 부모님이 맡아주셔서 2년 만에 두 분만 오붓이 데이트를 할 수 있게 되었다며 미소를 지으셨다. 두 번째 만남이지만 우리 가정과 같이 자녀들의 성비가 4남 1녀라는 사실만으로도 오랫동안 알고 지내온 것처럼 벌써 마음이 통하는 느낌이었다.

"저는 고3 여학생이었고 남편은 당시 의대생이었는데 제 과외 선생님이었어요."

두 분은 교회에서 '과외 선생님과 제자'로 만남이 시작되었고 시간이 흘러 우연히 다시 연락이 되어 결혼까지 이어지게 되었다고 한다. 영화에서나 볼 법한 결혼 스토리가 현실 속에서 이루어져 듣는 내내 즐거웠다.

처음부터 다자녀를 계획한 것은 아니었다. 쌍둥이 자매였던 둥지 님은 두 자녀 출산을 생각했고, 삼 형제였던 나무 님은 자신의 부모님처럼 세 명 정도면 좋겠다고 생각했다. 두 분의 생각이 합산이 되어 다섯 명의 자녀를 낳게 된 것 같다며 함께 한바탕 웃었지만 출산과 양육을 하는 과정 가운데 하나님이 부부에게 자녀에 대한 하나님의 마음을 부어주셨다.

"제가 26세의 어린 나이에 첫아이를 낳았는데 주변에 출산한 사람들도 없고 아무것도 모르니까 너무 힘들었어요. 그래도 둘은 계획을 했으니까 낳았는데 그 후로 제가 태의 문을 닫는다는 게 마음에 찔림이 있더라고요. 생명을 낳고 키우는 일이 힘든 만큼 더 가치가 있고, 귀중한 생명을 가질 가능성을 나한테 주셨는데 제 마음대로 결정하는 게 하나님 앞에 죄송한 생각이 들었어요. 내가 원하고 바라는 건 아니더라도 하나님이 주신다면 순종해야 한다는 마음이 생겼어요. 그런데 그런 마음을 가지니까 하나님이 진짜 아이를 주시더라고요."

그렇다고 출산의 과정이 순탄했던 것만은 아니었다. 다섯째 아이는 두 분이 계획을 세우고 날짜까지 정해서 임신이 되었지만 유산이 되었다. 주변에서는 아이들이 많이 있는데 유산되는 게 그렇게 섭섭하냐고 했지만 한 생명이 얼마나 귀한지를 아는 둥지 님은 깊은 슬픔을 겪었다. 유산 전에는 하나님이 주시니까 기르기는 하지만 정말 힘들다는 생각을 많이 했었는데 오히려 유산을 겪으며 하나님이 주신 한 영혼이 얼마나 귀한지, 한 생명이 태어나는 일이 얼마나 기적 같은 일인지를 깨닫게 되었다. 그래서 한 생명만 더 주시면 정말 귀하게 여기겠다고 간절히 구했고 하나님은 새로운 생명을 허락하셨다.

그러나 나무 님의 잦은 야간 응급실 근무로 둥지 님이 혼자서 임신 중에 어린 네 명의 아이를 돌보는 일은 너무 무리가 되었다. 급기야 급작스런 출혈이 있었고, 병원에 가니 아기집이 절반이 떨어져 유산이 될 위험이 있다고 했다. 급히 입원을 하게 되었고 하나님께 제발 아기를 살려달라고 간절히 기도했다. 첫 유산이 되었을 때 하나님께서 두 번은 이런 일을 겪지 않게 해주시겠다는 마음을 주셨던 게 기억이 났다. 정말 약속대로 하나님은 기적과 같이 출혈이 멈추게 해주셨고 감사하게도 아기는 누구보다도 건강한 상태로 태어났다. 나무 님은 둥지 님이 어려운 과정을 겪으며 다섯째 아이를 출산했던 날에 있었던 특별한 에피소드를 나누어주셨다.

"저희 다섯 아이는 모두 처가 근처에 있는, 선교사님이 세우신 기독교 병원에서 태어났어요. 저희가 다섯째를 막 출산했을 당시에 옆 병실에서는 출산하다가 어려움이 생겨서 막 대학병원으로 이송도 하고 그런 급박한 상황이었어요. 그런데 갑자기 저희 병실로 병원 직원들이 우르르 몰려들어 오는 거예요. 직원들이 침대 맡에 '경축! 다섯 명을 낳은 산모!'라고 쓰인 현수막을 걸어주더니 선물 보따리를 가득 안겨주며 기념사진을 찍더라고요. 알고 봤더니 저희가 다섯째를 낳았던 해가 그 병원 설립 65주년이었고, 그동안 30만 명의 아이들을 받았지만 이렇게 다섯 명이나 낳은 산모는 처음이었다고 해요. 그래서 직원들이 저희도 모르게 미리 계획을 하고 저희에게 축하한다고 선물도 주고 사진을 찍어서 월간지에도 실었던 거죠."

"하나님의 위로의 선물인 것 같네요."

생각지도 않았던 특별한 방법으로 딸의 수고를 격려하시는 하나님 아버지의 사랑의 이벤트 같았다. 자녀가 다섯 명이나 되니 혹시 하나님의 위로를 받은 또 다른 경험이 있는지를 물었다.

인터뷰를 부담스러워하던 둥지 님이었지만 아이들 이야기를 할 때에는 거침없이 말이 술술 흘러나왔다. 마치 둥지 님의 입술을 통해 부모를 향한 하나님의 마음을 전해 듣는 것 같았다.

"둘째 아이가 몸이 너무 약해서 진짜 힘들었어요. 산후 조리원에서 나온 지 3주 만에 뇌수막염에 걸리고, 한 달도 채 안 되었을 때 독감에도 걸려서 대학 병원에 입원도 했어요. 태어나서 1년 동안 여섯 번이나 입원을 했어요. 크리스마스가 되었는데 저는 병원에서 아기 띠를 메고 수액을 들고 크리스마스트리를 보며 지냈어요. 너무 힘들고 속상해서 울면서 창밖을 보고 있었는데 하나님이 이런 마음을 주셨어요.

'딸아, 이제 다음 크리스마스부터는 네가 여기 오는 일이 없을 거야.'

그런데 진짜 그 후로는 셋째, 넷째, 다섯째까지 한 번도 입원을 안 했어요.

또 한번은 아이가 아토피가 너무 심해졌어요. 밤마다 긁어서 온몸에 상처가 나니까 밤새 연고도 발라주고 피부를 마사지 해주느라 제가 몇 년 동안 깊게 잠을 잔 적이 없었어요. 애들이 많다 보니 다른 아이들한테도 손이 많이 가기도 해서 제가 친정에 가서 도움을 받았어요. 친정집이 그리 크지는 않아서 좁은 공간에서 북적북적하면서 지내니 스트레스가 과할 때가 있었어요. 가끔 한 번씩 제가 호흡이 가빠져서 숨이 찰 정도로 힘들었어요. 한 달 동안 참다가 도저히 못하겠다며 저도 모르게 집을 뛰쳐나왔어요. 밖으로 나왔는데 한없이 눈물이 쏟아지더라고요. 그때 하나님이 저한테 엄청 짧게 이렇게 말씀하셨어요.

'딸아, 네가 지금 눈물로 씨를 뿌리면 반드시 기쁨으로 거두게 될 거란다.'

이 말씀을 듣자마자 눈물이 갑자기 쑥 들어가고 마음에 엄청 깊은 평안이 오는 거예요. 제가 여기서 완전히 끝났다고, 이제는 한 발짝도 못 가겠다고 느끼는 순간마다 하나님이 한 번씩 그렇게 말씀을 해주시면 그 다음으로 넘어갈 힘이 생겼던 것 같아요. 하나님이 저를 이렇게 딱 세우실 때에는 이게 사람이 주는 힘과는 다른 거예요. 완전히 절망하고 낙담했던 부정적인 순간에 하나님이 말씀으로 세워주신다는 것이 저한테는 큰 간증이고 은혜였어요."

그러나 하나님의 시선과는 달리 주변의 시선은 따가웠다. 주변의 어른들도 우려를 하시며 왜 그렇게 많이 낳느냐, 뭐 특별한 사명이나 계획이 있었냐고 묻는 경우도 있었다. 심지어는 둥지 님이 젊어 보여서 요즘 사람인 줄 알았는데 애를 많이 낳은 걸 보니 옛날 사람이라고 이야기하는 택시 기사님도 계셨다고 한다. 심지어 부모님들조차 출산 소식을 듣고 달갑게 반응하지 않아 마음이 상하기도 했다고 한다. 다행히 조부모님들은 아이들이 자라는 모습을 보시며 지금은 너무 예뻐하시고 자랑스러워하신단다. 나무 님은 뿌듯해하며 말씀하셨다.

"저희 할머니가 다리가 불편하셔서 방에만 계시는데 저희 애들 사진을 붙여놓고 항상 대화를 하신다더라고요. 손님하고 이야기하듯이. 애들이 태어날 때마다 손님이 많아지니까 대화 상대가 많아지거든요. 그걸로 지금 노년을 보내고 계신 거예요. 그게 진짜 효도인 것 같아요."

무언가를 하지 않아도 어린 생명 자체에는 사랑을 이끌어내는 신비한 힘이 있는 것 같다는 생각이 들었다.

"두 분에게 가정은 어떤 의미인가요?"

나무 님은 가정을 '[가]장 [정]직한 나의 열매'라고 표현했던 한 지인의 이행시가 마음 깊이 와 닿았다고 했다.

"아내와 연애를 하면서 저와 다름을 느껴서 친구들에게 간증처럼 지금까지 나는 세상을 반쪽만 살고 있었다고 말했고 그게 멋지다고 생각했어요. 아내와 결혼을 했을 때에는 저와 다른 아내를 품으면 세상을 다 품는 건 줄 알았죠. 그런데 아이들을 계속 낳다 보니까 아이들이 다 달라서 품어야 할 세상이 너무 많은 거예요. 내가 아는 게 너무 적었구나 하는 걸 알았어요. 사람들은 각 개인마다 인격과 성격과 재능이 다 다양한데 하나님은 온 인류를 품으시니 정말 크시다는 것을 깨달았어요. 저희는 다섯 명도 벅찬데…. 하나님의 크심이 보이니 제가 더 겸손해진 것 같고, 하나님의 마음을 간접적으로 조금이나마 이해할 수 있는 것 같아요. 아이들은 정말 하나님이 나한테 축복으로 주시는 거고 아이들 자체가 저한테 축복이예요."

둥지 님도 기다렸다는 듯이 말을 이어갔다.

"결혼 전에는 제가 저의 모습을 객관적으로 볼 수 없었는데 자녀들은 거울처럼 저를 비춰줘서 저를 객관화시켜 주더라고요. 내가 진짜 이런 부분이 연약한 사람이고 하나님이 다듬어 주셔야 하는 부분이 있다는 것을 아이들이 보여주는 것 같아요. 저 혼자였다면 절대로 인정하지 않았을 저의 모습을 직면하게 해주니까 제가 하나님 앞에 뭘 기도해야 될지를 보게 되어서 아이들에게 참 고마워요. 물론 부부 관계로도 인격체가 완성되어 가겠지만 자식을 낳았을 때 좀 더 온전한 방향으로 하나님이 나를 이끄신다는 걸 느꼈어요. 제가 가정을 위해 헌신했다기보다는 가정이 저를 보호하는 울타리인 것 같아요. 그래서 저희는 아이들한테도 가정이 너희들을 성장시켜주고 너희를 안전하게 보호해주고 또 하나님 나라를 이루어갈 수 있는 가장 기본 단위라고 이야기해주었어요. 그러니 결혼을 빨리 하고 아이도 많이 낳으라고 이야기해주니까 애들도 다 빨리 결혼해야 하는 줄로 알아요. 제가 이 길을 걸어보지 않고 그것을 깨닫지 못 했다면 아이들에게 그렇게 이야기해줄 수 없었을 거예요."

두 사람과 인터뷰를 하는 동안 우리 부부는 이 가정을 향한 하나님의 깊은 위로가 느껴져 흐르는 눈물을 감출 수가 없었다. 비혼과 저출산의 시대에 가정을 이루고 자녀를 낳고 양육하는 일은 분명 좁은 문으로 가는 좁고 협착한 길이다. 그러나 진리의 길을 순종하며 걸을 때 하나님이 기뻐하시고 함께하시며 힘과 위로를 주심을 보게 되었다. 이 땅에서 자녀를 양육하는 위대한 일을 감당하고 있는 엄마들에게 둥지 님의 입술을 통해 하나님이 말씀하시는 것 같다.

"육아가 가장 어려운 일이라고 느끼는 순간들이 있었어요. 아이를 위해 무언가 결정해야 할 때 이게 맞을까 고민도 되고 제가 엄마 역할을 잘 못하고 있는 것 같아 힘들었어요. 그런데 어느 날 '하나님, 저는 좋은 엄마가 아닌 것 같아요' 이러면서 제 마음을 막 이야기했을 때 하나님이 '나는 너를 좋은 엄마라고 부른다. 왜냐하면 네가 네 연약함을 알고 부족한 엄마라고 하고 좋은 엄마가 될 수 없을 것 같다고 하며 그 아이 손을 나한테 넘겼잖아. 나는 그런 사람을 좋은 엄마라고 부르고 싶다'라고 말씀해주셨어요."

말을 하던 둥지 님은 다시금 그때의 감동 때문인지 눈물을 훔쳤다. 이야기를 듣던 나와 남편의 볼에도 하나님의 깊은 위로에 눈물이 흘렀다.

'좋은 엄마.'

그렇다. 자신의 연약함을 알고 하나님의 위대함을 아는 이 땅의 모든 엄마는 참으로 '좋은 엄마'임이 틀림없다.

| **말씀이 삶이 되다** |

좁은 문으로 들어가라 멸망으로 인도하는 문은 크고 그 길이 넓어 그리로 들어
가는 자가 많고 생명으로 인도하는 문은 좁고 길이 협착하여 찾는 자가 적음
이라 (마 7:13,14)

Memo

세 번째 만남

하나님의 군대(마하나임)

만남을 위해 서울에 있는 한 아파트에 들어섰다. 아파트 입구
에 있는 놀이터에서는 요즘에는 좀처럼 보기 힘든 장면이 펼쳐졌
다. 많은 아이들이 신나게 노는 소리로 시끌벅적했고, 주변 벤치
에는 삼삼오오 모여 이야기를 나누는 엄마들의 모습이 보였다.

"와아! 여기는 애들이 왜 이렇게 많지? 신기하지 않아?
요즘엔 아파트 놀이터에 애들이 별로 없다는데…"

남편도 놀란 눈으로 한참 동안을 바라보았다.
문이 열리자 젊은 부부와 함께 올망졸망한 다섯 아이들이 한
꺼번에 문 앞에서 맞아주었다. 열 살이 된 첫째부터 엄마 품에 안

긴 11개월 막내까지 2남 3녀의 다복한 모습이 보기에 참 좋았다.

나무 님은 다섯 아이들의 쉼터인양 듬직한 나무 같은 편안한 인상이었고, 둥지 님은 여린 몸매였지만 어딘지 모르게 다부진 모습이었다. 친구의 소개로 만난 두 분은 교대 캠퍼스 커플이었고, 졸업 후에는 근무지가 달라서 오랫동안 장거리 연애를 하며 어렵게 사랑을 이어갔다. 둥지 님은 나무 님의 바다같이 넓은 마음을 보고 결혼을 결심했다고 한다.

"결혼 후에 처음부터 다자녀를 낳을 계획이 있으셨어요?"

"결혼 후에 저는 초등학교 교사를 하고 있었고, 2년 정도는 신혼 기간을 갖고 나서 출산을 하고 싶었어요. 그런데 생각보다 빨리 첫째 아이를 임신하게 되어 육아 휴직을 했어요. 저 혼자 종일 말도 통하지 않는 아기를 돌보려니 너무 힘들어서 남편 퇴근 시간만 기다리게 되더라고요. 산후 우울증도 오는 것 같아서 이건 제 일이 아닌 것 같다고 생각했어요. 빨리 복직을 하려고 생각하던 차에 남편이 경기도에 있는 학교로 옮겨야 해서 이사를 하게 되었어요. 그런데 이사해서 찾아간 교회가 너무 특별한 교회였어요. 아이들이 정말 많더라고요. 가정 당 평균 자녀 수가 넷쯤 됐던 것 같아요. 엄마들과 아이들이 거의 매일 모여서 예배도 드리고, 밥도 같이 먹으면서 종일 함께 지내는 곳이었어요. 저도 남편이 퇴근할 때까지 아이와 함께 교회에 가서 함께 지냈어요. 제가 혼자서 아이를 키울 때에는 너무나 힘들었는데 그렇게 같이 키우다 보니까 아이 키우는 게 어렵지가 않더라고요. 게다가 사모님이랑 권사님들이 남편을 어떻게 대해야 하는지, 아이들을 어떻게 키우는지도 알려주셨어요. 정말 많은 도움이 됐어요. 그런 건 전혀 몰랐었거든요. 그런 환경 안에 있으니까 저도 자연스럽게 다자녀를 낳게 됐어요."

하나님께서 이 가정에 대한 계획을 이루시기 위해 정말 특별한 교회로 인도하셔서 자녀에 대한 마음을 변화시켜주신 것 같았다.

아프리카 속담 중에 "한 아이를 키우려면 온 마을이 필요하다"라는 말이 있다. 아이들이 행복하게 자라려면 그 아이가 속한 가정뿐만 아니라 마을 사람들 전체가 함께 해야 한다는 뜻이다. 둥지 님의 이야기를 들으며 마을과 같은 교회들이 대한민국에도 많아졌으면 좋겠다는 바람이 생겼다.

아파트 입구에 들어섰을 때 놀이터에 어린아이들이 눈에 많이 띄었던 것도 이유가 있었다. 다자녀 가정에게 분양 혜택을 주는 아파트여서 유독 다자녀 가정이 많은 곳이라고 한다. 이 아파트에는 1,500세대, 4,500명 정도의 주민이 거주하고 있다. 그중에 1,000명 정도, 약 20% 정도가 어린아이부터 초등학교까지의 아이들이라고 했다. 아이들의 안전을 위해 아파트 단지들 사이의 길에는 차량이 다니는 것도 금한다고 했다. 다자녀 가정을 배려하는 따뜻한 정책이 고맙게 느껴졌다.

좋은 환경 가운데서 아들 둘, 딸 둘이라는 완벽한 비율로 네 아이를 낳은 둥지 님은 더 이상은 출산 계획이 없었다고 한다. 그러나 하나님의 계획은 달랐다.

"넷째 아이를 낳고 저는 이제 출산은 끝났다고 생각했어요. 권사님과 집사님들이 더 낳을 거냐고 물으시면 이제 다 끝났다고 말하고 다녔죠. 그런데 하나님의 생각은 그게 아니었나 봐요. 넷째를 낳고 얼마 지나지 않아서 저랑 남편은 아이들을 집에 재워두고 금요 철야 예배를 갔어요. 집에서 교회가 가까우니 아이가 울면 휴대폰에서 알림을 해주는 앱을 깔아놓은 상태였죠. 제가 군 선교를 하고 있어서 편지를 쓰고 있는 동안 남편이 잠깐 집에 갔는데 얼마 지나지 않아서 남편한테서 전화가 왔어요. 다급한 목소리로 빨리 와보라고 해서 급하게 갔더니 넷째 아이가 사색이 되어 있었어요. 저희가 없는 사이에 이불이 한참동안 얼굴에 덮여 있었던 것 같아요. 머리 아래가 흥건하고 숨을 거의 쉬지 못하고 있어서 순간 직감적으로 아이가 죽을 뻔했다는 걸 알았어요. 그래서 하나님께 아이를 살려달라고 간절히 기도하는데 저한테 이렇게 물으시는 것 같았어요. '네 삶의 주인이 누구냐?' 라고요.

저 스스로 출산은 이제 끝이라고 생각하고, 사람들한테도 이제 출산은 끝났다고 말하고 다녔던 일을 하나님이 기뻐하지 않으셨구나 하는 생각이 들었어요. 하나님이 이 일을 통해서 저에게 보호의 울타리를 쳐주고 싶어 하시는 것 같아서 회개했어요. 그리고 하나님께 제 삶의 주인의 자리에서 내려오겠다고 말씀드렸어요. 다행히 아이는 회복이 되었어요. 이후 하나님께 제 마음대로 하지 않겠다고 약속했습니다."

네 아이들을 하나님의 자녀로 키우기 위해서 홈스쿨링을 시작했고, 그것만으로도 하나님이 충분히 기뻐하실 거라고 생각할 무렵 하나님이 다섯째 아이를 허락하셨다고 한다. 비록 하나님께 출산의 권리를 내어드리겠다고 했지만 다섯째 임신 사실을 좀처럼 받아들이기가 힘들었다고 한다. 그러나 하나님은 다섯째 아이를 통해 큰 축복을 주시면서 삶의 주인의 자리를 내어드린다는 것의 의미를 조금씩 깨닫게 해주셨다고 한다.

"다섯째 아이가 예정일보다 일찍 진통이 왔어요. 코로나 시기였는데 남편이 코로나 검사를 미리 못 받아서 혼자 병원에 있는데 너무 무서운 거예요. 힘이 들어서 하나님께 이것저것 기도를 하는데 하나님께서 '내가 네게 무엇을 줄까?' 하고 물으셨어요. 그래서 하나님께 '주님의 마음을 갖고 싶다고, 주님의 마음을 저한테 주시면 그 마음으로 애들을 좀 더 잘 사랑할 수 있을 것 같다'고 말씀드렸어요. 그랬더니 주님이 주시겠다고 말씀하시는 것 같았어요. 그래서 지금도 매일매일 그 말씀을 믿음으로 쟁취하고 있어요. 정말 아이들이 저에게 큰 복인 것 같아요. 특별히 다섯째 아이가 더욱 그렇고요."

둥지 님은 힘든 시간들을 지날 때 하나님께서 주셨던 은혜들을 나누며 눈물을 훔치셨다. 강요하지 않으시고 기다리시며 때에 맞는 은혜를 주셔서 감당케 하시는 하나님 사랑이 느껴졌다.

하나님의 선한 계획에 대한 순종이었지만 사람들의 시선은 어떤지 궁금했다.

"다자녀 출산에 대한 주변의 반응은 어떠셨어요?"

"다섯째 아이를 임신했을 때 친정 엄마한테는 오랫동안 말을 하지 못 했어요. 엄마는 어려운 시절에 많이 배우지 못하셔서 제가 교사로서 커리어를 쌓고 멋지게 직장생활을 하는 모습을 너무 좋아하셨거든요. 제가 아이를 그만 낳고 복직하기를 계속 기다리셨어요. 출산이 다가오니 어쩔 수 없이 말씀을 드렸어요. 엄마는 제 예상보다도 더 너무 놀라셔서 할 말이 생각이 안 난다며 다음에 전화해서 이야기하겠다고 하셨어요. 친정 아빠는 어떻게 하려고 그러냐고 걱정하셨고 시어머님도 축구단 만들 거냐고 물으셨어요. 가족들은 저를 걱정하시는 거니까 그럴 수 있는 것 같아요. 지금은 너무나 예뻐하시고 좋아하셔요. 아이들이랑 외출을 하면 작은아이들이 줄줄이 저를 따라오니까 사람들이 물어요. 애가 셋이냐고, 아니라고 하면 그럼 둘이냐고, 아니라고 하면 그럼 하나냐고 묻더라고요. 다섯이라고 하면 그냥 놀라는 수준이 아니라 탄성과 함께 입을 다물지 못하죠."

다섯 자녀들을 양육하면서 부모의 연약함이 드러나고, 때로는 자녀들에게 그 연약함이 그대로 답습되는 것이 힘들 때도 많지만 그때마다 하나님께 나아가 변화되게 해달라고, 사랑이 필요하다고 간구하면서 부모로서 청지기 역할을 감당하고 있었다. 더 나아가 둥지 님은 자녀 양육은 부모를 변화시켜주는 가장 강력한 통로이고, 하나님께 가까이 가도록 해주는 가장 큰 복이라고 고백했다.

"현실적으로 보면 혼자서 다섯 아이를 홈스쿨링하는 상황이 말이 안 되는 것 같아요. 주변에서 항상 혼자서 돌보냐고 물어보거든요. 저도 제가 할 수 있을 거라는 생각은 못 했어요. 그런데 힘들지만 계속 이것들을 해나갈 수 있게 해주시는 하나님을 경험했어요. 그래서 하나님한테 중요한 일인가 보구나 하는 생각이 들었어요.

제가 부족하고 인격적으로 성숙하지 못한 것과 상관없이 하나님께서 저를 향한 계획을 가지고 계시고, 이 아이들을 향한 가장 아름다운 계획이 있다고 생각해요. 그래서 이 일을 그냥 하나님의 열심으로 이렇게 이루어 가시는 게 하루하루 너무 놀라워요. '하나님의 일이니까 하나님이 하시겠지. 그렇다면 내가 그렇게 많이 염려할 게 없지' 하고 생각하니 마음이 편하더라고요. 제가 때로 엎어지고 넘어져도 그냥 이렇게 자리를 지키면서 포기만 하지 않으면 하나님께서 하시는 것 같아요."

남편의 따뜻한 도움도 큰 힘이 되었던 것 같다. 다섯째 아이를 출산한 후 나무 님은 육아 휴직을 하고 6개월간 육아를 도왔다. 다섯째 아이를 전담하여 돌보아주면서 아내가 얼마나 수고하고 애쓰고 있는지를 더 깊이 알게 되었다. 지금은 복직을 했지만 혼자서 다섯 아이들을 홈스쿨링하고 있는 아내를 돕기 위해 퇴근하자마자 집으로 돌아온다고 한다.

"올해 제가 근무하는 초등학교에서 1학년을 맡았어요. 부모님들이 대부분 일을 하시고 아이들을 다른 곳에 장시간 맡기다 보니 정서적으로 어려움을 겪는 아이들이 많아지고 있어요. 그런 모습을 보면 아내가 가정에서 아이들을 양육하는 일이 정말 힘들지만 너무 귀하다고 생각을 해요. 아내가 집에 있어주니까 저도 안심하고 일을 할 수 있어서 너무 고맙게 생각하고요. 때로는 다섯 아이들을 키우다 보니 저도 체력적으로 힘이 들기도 하죠. 아내가 가끔 너무 힘들어서 지쳐 있을 때 더 도와주지 못해 미안하고 안타깝죠. 그때마다 하나님이 또 새로운 힘을 주셔서 할 수 있게 해주시는 것을 경험해요.

때론 힘이 들지만 자녀 양육이 저를 더 성장하게 해주는 것 같아요. 집에서 아이들을 키우며 성품과 인성 교육이 중요하다는 생각을 하게 되었어요. 가정에서 아이들이 서로 화평하게 지내는 것을 중요하게 생각해요. 공부도 중요하지만 무엇보다도 가정에서 아이들이 사랑과 용서를 배워가는 것 같아요. 가정에서 자녀들을 가르치기 위해 아내와 함께 배우고 공부하는 것들을 학교의 아이들에게도 동일하게 전해주려고 노력하고 있어요."

나무 님은 초등 교사로서 학교 현장에서 부모의 정서적 돌봄이 없이 성장하는 아이들을 보면서 학교 교육 이전에 가정 교육이 선행되어야 함을 깨달아 적극적으로 자녀 양육에 동참하고 있었다. 이 과정에서 하나님은 나무 님에게 특별한 이벤트를 통해서도 힘과 소망을 주시곤 했다.

"첫째 아이가 찬양하는 것을 참 좋아하고 잘해요. 찬양하는 목소리를 듣고 있으면 마음에 감동이 되고, 동생들도 함께 따라서 부르는 모습을 볼 때 아이들의 찬양을 통해서 하

생명이라는 선물

나님께 기쁨을 돌릴 수 있다는 것이 참 감사해요. 아이들이 커 갈수록 저희 가정이 하나님의 영광의 도구로 쓰임 받을 것 같다는 기대와 확신이 커지는 것 같아요. 저희 부부의 마음을 변화시켜주셔서 아이들을 많이 낳게 하신 하나님께 감사해요.

아내는 홈스쿨링을 하면서 하나님 앞에 점검도 받고 지혜를 구하기 위해 자주 기도하러 가곤 해요. 아파트 단지에 24시간 기도원이 있어서 새벽에도 가고 오후에 가기도 해서 아이들이 엄마가 자주 기도하러 가는 것을 알고 있어요. 올 해 봄날 어느 새벽에 아내는 기도하러 갔고 저는 막내가 자는 방에서 아이를 돌보고 있었어요. 셋째가 일어나더니 엄마가 벌써 가고 없어서 못 따라갔다고 짜증을 내는 거예요. 그 소리를 듣고 다른 아이들도 하나둘 일어나더니 엄마를 찾기 시작했어요. 첫째한테 어떻게 하면 좋겠냐고 했더니 동생들 데리고 엄마한테 가겠다고 하더라고요. 그래서 첫째가 동생들 옷을 다 입히고 데리고 나갔어요. 제가 막내를 데리고 창문에서 내려다 보니 아이들 넷이 킥보드도 타고 쪼르르 가는 모습이 보였어요. 7층에 사는 아저씨가 지나가시다가 아이들을 만났는데 새벽에 아이들끼리 가는 모습을 보고 깜짝 놀라셨대요.”

둥지 님도 그때의 상황을 떠올리며 함박웃음으로 말을 이어갔다.

"저희 홈스쿨 이름을 '마하나임'이라고 지었어요. '하나님의 군대'라는 의미예요. 아이들 넷이 기도원으로 찾아왔을 때 그 모습이 정말 군대가 출동한 것처럼 너무 든든했어요.

또 한번은 제가 오후 2시에 가서 기도하고 있는데 남편이 아이들을 다 데리고 함께 기도하러 온 거예요. 저는 온 가족이 함께 예배드리고, 기도하는 것을 좋아해요. 교회에서 온 가족이 함께 예배드리고 싶은 마음이 간절했는데 막내가 너무 어려서 저는 따로 유아실에서 예배를 드려야 해서 늘 안타까웠어요. 남편이 저한테 그런 마음의 소원이 있는 것을 알고 아이들을 다 데리고 온 거죠. 온 가족이 함께 기도의 자리에 앉았는데 너무 기뻤어요.

그 순간에 '아, 하나님께서 이벤트를 해주시는구나!' 하는 생각이 들었죠. 나중에 이 아이들이 정말 하나님의 군대로 자라 있을 모습이 기대가 됐어요. 저한테는 최고의 이벤트였지요."

다부진 모습의 둥지 님과 온유함으로 품어 주는 나무 님을 하나님께서 군대의 지휘자로 귀하게 쓰고 계시는 것 같았다. '마하나임'이라는 이름이 이 가정에 참 잘 어울린다는 생각이 들었다. 마지막 때에 하나님의 군대로 장성해 있을 '독수리 오 남매'의 모습이 그려졌다.

인터뷰 말미에 가정을 '하나님의 나라'라고 생각하신다는 둥지 님의 말씀이 마음에 남았다.

그렇다. 하나님의 다스림과 통치를 받는 부모가 있는 가정이 하나님 나라다. 자녀들이 하나님의 백성들로 양육되고 있는 가정이 하나님 나라다. 마지막 때에 사탄의 심장을 겨눌 하나님의 군대가 길러지고 있는 이곳이 바로 하나님 나라다.

| 말씀이 삶이 되다 |

주의 대적으로 말미암아 어린아이들과 젖먹이들의 입으로 권능을 세우심이여 이는 원수들과 보복자들을 잠잠하게 하려 하심이니이다 (시 8:2)

네 번째 만남

어둠을 밝히는 생명의 빛

'오 형제'를 양육하고 있는 가정이 있다는 소개를 받고 평택의 한 마을로 향했다. 형제만 있는 가정은 처음이라 어떠한 가정일까 하는 마음에 가는 내내 설렜다. 한 농가 주택 앞에 늘어선 아이들 자전거며 작은 자동차들이 보여 '이 집 이겠구나' 하고 단박에 알아볼 수가 있었다. 집 옆에는 작은 텃밭이 있었고, 뒷마당에는 가축들이 보였다. 주거 환경에서 오 형제의 행복한 생활을 배려한 부모님의 사랑이 읽혔다.

밝고 온화한 인상의 나무 님과 활기차고 야무져 보이는 둥지 님, 그리고 넷째 아이가 반갑게 맞아주었다.

열세 살인 첫째와 둘째, 셋째는 근처에 있는 대안 학교에 갔고 넷째는 홈스쿨링을 하며 집에 있었다. 네 살이 된 다섯째 막둥이는 낮잠을 자고 있었다. 두 분의 이야기를 잘 들어드리고 싶어서 다섯째가 오랫동안 잘 자주기를 바라는 마음으로 서둘러 질문을 던졌다.

"아이들 때문에 늘 분주하실 텐데 인터뷰에 흔쾌하게 응해주셔서 감사드려요. 인터뷰에 응하시게 된 이유가 있을까요?"

나무 님이 멋쩍어하시며 말문을 열었다.

"사실 저희는 지금도 아이들을 키우며 늘 연약하고 늘 넘어지고 하는 과정에 있어요. 인터뷰를 할 만큼 내세우거나 자랑할 것이 없기 때문에 자격이 없다는 생각도 들었어요. 그럼에도 불구하고 이렇게 소망 없는 우리를 통해서 한 영혼이라도 결혼과 출산에 대해서 마음이 열리면 좋겠다는 생각에 인터뷰에 응하게 되었어요."

나무 님의 겸손함과 '한 영혼'을 향한 마음에서 하나님의 마음이 느껴져 따뜻했다. 그러나 결혼 과정에 대한 이야기 속에서 지금의 밝은 얼굴에서는 전혀 찾아볼 수 없는, 깊은 어둠의 시간들이 있었음을 알게 되었다.

"저는 사실 결혼을 할 마음이 전혀 없었어요. 어린 시절에 아버지가 외도를 하시고 어머니가 집을 나가셔서 가정이 완전히 깨졌어요. 형과 함께 큰아버지 댁에 맡겨졌는데 그곳에서도 학대를 받았죠. 그런 환경에서 자라서인지 가정을 이루어야겠다는 마음이 전혀 없었고, 혼자서 선교하면서 살고 싶었어요. 그런데 선교 단체에 들어가 훈련을 받고 마무리하던 어느 날 하나님이 구체적인 음성으로 제가 결혼할 자매를 알려주시더라고요. 그럼에도 결혼을 하거나 자녀를 낳아서 책임질 여력이 없다는 생각으로 한참을 망설였어요. 자매에 대한 호감은 있었지만 제 자아가 망가져 있었기 때문에 결혼에 자신이 없었어요. 한참 시간이 흐른 후에 용기를 내서 자매에게 제 과거의 연약함을 사실대로 이야기했어요. 그런데 자매가 제 이야기를 듣고 함께 아파하며 울어 주더라고요. 그렇게 만남이 시작되었고 가정을 이루면서 제 상처가 많이 회복이 되었어요."

"나무 님의 고백을 듣고 둥지 님은 어떠셨어요?"

"형제가 과거에 겪었던 아픔은 자신이 의도한 것이 아니라 주어진 것이었기 때문에 형제의 잘못이 아니라는 생각이 들었어요. 저희 가정도 온전한 가정은 아니었지만 형제의 이야기를 들으니 제가 가지고 있는 것이 참 많고 형제에게 줄 수 있는 것이 있겠구나 싶어서 기꺼이 함께하고 싶다고 말했어요. 물론 교제하는 과정에서 제 모난 부분 때문에 힘든 시간들도 있었어요. 그럴 때마다 하나님께 기도를 했는데 하나님께서 저에게 '이 형제 앞에서는 네 연약함이 드러나고 깎이는 게 덜 아플 거다. 너를 사랑하는 사람이기 때문이다' 하는 마음을 주셨어요. 정말 형제가 저보다 어리지만 참 성숙했고 저를 많이 받아주고 기다려주더라고요. 그래서 이 사람이라면 함께 가정을 이룰 수 있겠다 싶어서 결혼에 대한 확신을 갖게 되었어요."

두 분의 이야기를 듣는 동안 하나님께서 한 가정을 이루시기 위해 두 사람의 삶의 여정을 인도하시는 모습이 그려지는 듯했다. 하나님께서 다섯 명의 자녀들을 허락하시기까지의 과정도 너무 궁금해졌다.

생명이라는 선물

"결혼 후에 다자녀에 대한 계획이 있으셨나요?"

둥지 님은 전혀 아니었다는 듯이 고개를 저으며 말했다.

"아니요. 저는 사실 아가씨 때 교제하기 전에 생리 주기가 불규칙해서 병원에 가서 검사를 받았는데 난소에 7~8cm 정도 되는 기형종이 발견되었어요. 병원에서는 혹을 떼면서 난소도 같이 제거를 하는 게 좋겠다고 했는데 다행히 난소를 제거하지는 않고 수술을 받았어요. 결과적으로 한쪽 난소가 제 기능을 못하게 된 거죠. 그래서 부모님도 제가 아기를 낳지 못하면 어떻게 하나 걱정을 하셨어요. 형제한테도 이야기를 했는데 형제는 우리가 서로 사랑하니 아이가 없어도 괜찮다고 말해줬어요.

결혼 후 곧장 아기가 생기기를 바랐는데 3,4개월 동안 아무 소식이 없으니 사실 걱정이 되더라고요. 남편과 함께 이야기 나누며 생명은 우리가 결정할 수가 없고 주님이 주시는 거니 하나님께 내어드리자고 했어요. 그러자 얼마 지나지 않아 아기를 주셨어요. 제가 신체적으로도 임신 가능성이 희박한데 첫째 아이를 낳고 얼마 지나지 않아서 둘째 아이도 주셨어요.

그런데 셋째 아이는 남편도 저도 부담이 되어서 고민이 되더라고요.”

나무 님이 얼른 둥지 님의 이야기를 이어갔다.

"왜냐하면 아빠의 무게라는 게 크잖아요. 가정에 대한 책임감이라든가, 재정적인 부분들 때문에 둘만 낳는 것이 합리적이라고 생각했어요. 직장 생활을 하면서 월급을 받으니 생활도 빠듯했고요. 그래서 마지막으로 한 번 하나님께 기도하고 정관수술을 받으러 가야겠다고 생각했죠. 어떻게 보면 하나님께 결제 사인을 받으러 골방에 기도하러 들어갔던 거죠. '하나님, 저희가 지금 이렇게 빠듯하게 살고 있고 저희 상황에서 둘 낳았으면 괜찮지 않을까요?' 하고 말씀드렸는데 하나님께서 딱 한 가지를 말씀하셨어요.

'생명이 누구의 것이냐?' 하고 굉장히 날카롭게 말씀하시더라고요. 부드러운 소리가 아니라 아주 엄중한 소리였어요. 이때 생명을 제 마음대로 좌지우지하려는 제 교만을 깨닫고 회개하고 자녀에 대한 주권을 하나님께 드리겠다고 말씀드렸어요. 그 후로 셋째가 태어나고 넷째가 태어나고 다섯째까지 낳게 되었어요.”

다섯 아이들을 낳기까지 하나님 앞에서 씨름하며 힘겹게 지나왔을 시간이 그려졌다. 하나님의 생각과는 다른 주변의 반응도 힘들었을 거라 짐작이 되었다. 예상했던 대로 주변의 시선은 따가웠다고 했다. 가까운 사람들로부터도 좋은 직장이나 가진 것도 없고, 학벌도 좋지 않은데 왜 아이들을 계속 낳느냐는 비난과 오해를 많이 받았다고 했다. 그때마다 주님을 생각하면서 견뎌냈다고 했다.

"예수님을 생각하면서 예수님의 고난에 동참해야겠다는 마음이 들더라고요. 오해를 받을 때에는 주님만 아시면 된다고 생각해요. 지금도 여전히 계속 이렇게 걸어가고 있는 과정이죠.

유일하게 저를 격려해주는 분이 계셨어요. 선교 단체에서 사역하면서 알게 된 저의 영적 멘토 형님이예요. 늘 기도하는 분이라 제가 셋째 아이를 갖기 전에 하나님께 들은 음성을 확인받고 싶었어요. 제 말을 듣더니 저한테 진지하게 이야기하더라고요. '자녀는 열 명이라도 낳아라.' 생각지도 못한 대답에 놀라서 이유를 물었더니 이렇게 말했어요. '지금 이 시대에 사탄의 가장 큰 공격은 하나님의 생명들이 태어나지 못하게 가로막는 것이다. 악한 영들이 지금 승리의 찬가를 부르고 있다. 그것을 무너뜨리기 위해 자녀를 낳아라'라고요. 저는 그게 주님의 음성처럼 들렸어요. 그래서 더욱 확신을 가지게 되었죠. 그런 믿음의 조언을 해주는 사람이 없었다면 더 힘들었을 것 같아요. 정말 이게 치열한 영적 전쟁이라는 생각이 들었어요. 세상은 계속 자아를 사랑하게 하고, 자녀를 낳고 키우는 것은 자아를 희생하는 것이니까요."

둥지 님도 공감하며 말을 이어갔다.

"맞아요. 요즘 같은 시대에 이렇게 자녀를 계속 낳으니 저를 이상한 사람 취급할 때가 있어요. 세 자녀까지는 낳는 분들이 꽤 있는데 다섯은 좀처럼 보기 힘드니까요. 비난과 오해도 있지만 그래도 어떤 이웃들은 잘했다고 하시기도 해요. 이사 오기 전에 살던 집 옆에 사시던 할머니는 저희 애들 소리가 안 나니 우울하고 사람 사는 것 같지가 않다고 하시더라고요. 교회 성도님들도 저한테 하늘에 상급이 많이 쌓여갈 거라며 격려해주시기도 하고요. 얼마 전에는 남편이 케이크를 사러 갔는데 아이들이 다섯이라고 했더니 잘했다며 선물도 주셨다고 해요."

주변의 시선도 힘들 때가 있었지만 출산과 양육의 과정 가운데서도 어려움은 많았다. 나무 님은 혼자서 조용히 책을 읽거나 자연에서 일하는 시간을 좋아하지만 아이들을 돌봐야 하니 그런 시간을 좀처럼 가질 수가 없다고 한다. 자아의 욕구를 내려놓아야 하는 십자가 희생을 경험하는 것 같다고 했다. 둥지 님은 다섯 아이들을 임신하고 출산하느라 10여 년간 배가 불러 있었다. 밤잠을 푹 자 본 날도 거의 없었다고 한다. 그럴 때면 천국에 가면 영원히 안식할 거라는 생각으로 위로를 삼는다고 했다. 다섯째 아이를 임신하고 네 아이들에게 사방으로 둘러싸여 잠자리에 누운 어느 날은 숨이 막히며 두려움이 몰려온 적도 있었다. 다섯째를 출산할 때는 열일곱 시간 동안 극심한 진통을 겪었다. 십자가의 고난을 생각하며 견디리라 마음을 먹었지만 너무 아파서 급기야는 울고 말았다고 한다.

"너무 버거울 때는 이렇게 걸어가는 길 끝에서 두 팔 벌리고 저를 기다리시는 주님 품을 상상해요. 저를 위해 죽기까지 순종하셨던 예수님처럼 저도 연약하고 부족하지만 주님의 길을 따라가려고요. 이렇게 걷다가 주님을 만나면 주님이 제 이름을 부르며 수고했다고 안아주시지 않을까요."

겪어보지 않고서는 짐작하기 어려운 많은 시간들을 견뎌왔을 둥지 님의 수고가 느껴졌다. 두 눈에 눈물이 가득 고인 둥지 님을 두 팔 벌려 진심으로 꼭 안아드렸다.

힘든 가운데서도 하나님은 자녀들을 통해 말할 수 없는 기쁨과 소망도 주셨다.

"저희 둘 다 아이들을 너무 좋아해요. 힘든 것도 잊고 아이들을 보며 좋아서 어쩔 줄 몰라 웃고 있는 서로를 보면서 둘 다 바보 같다고 말하곤 하죠. 결혼하면서 우리 가정 안에서 믿음이 실제가 되기를 기도했었어요. 아이들과 함께 울고 웃으며 복음이 실제가 되고, 말씀이 실제가 되고, 하나님의 사랑이 만져지는 것을 경험해요. 결혼과 출산, 양육의 과정을 통해서 우리의 죄 된 본성이 다 드러나니 예수님 없이는 살 수 없다는 고백을 해요. 그런 고백을 할 수 있는 환경이 가장 큰 복인 것 같아요. 아이들에게 예수 그리스도를 위해 사는 삶이 전수됐으면 좋겠어요. 하나님을 최우선으로 하는 가치가 가정을 통해 아이들에게 전수되는 것이 가장 큰 소원이고 비전이예요."

나무 님 또한 가정을 통해 자녀들에게 물려주고 싶은 믿음의

생명이라는 선물

유산이 있다고 했다.

"저는 가정을 이루고 자녀들을 키우면서 하나님 아버지
와의 '친밀함'을 경험했어요. 제가 상처로 깊은 어둠 가운데
있었을 때 아내가 함께 울어주더라고요. 그 모습을 통해 연
약한 우리의 짐을 대신 저주시는 예수님의 사랑을 처음으로
깨달았어요. 하나님의 사랑이 보이는 사람을 통해 실제가 된
거죠. 또 첫째 아이가 태어나자마자 제가 품에 아이를 안았
는데 너무 따뜻했어요. 아기가 그렇게 따뜻한지 몰랐어요.
너무 기쁘더라고요. 당시만 해도 저는 어둠 가운데 있었는데
아이를 안았을 때 성령님이 '이 생명이 빛이다'라는 마음을
주셨어요.

아이들이 하나둘 태어나고 가정 안에서 함께하면서 하나
님 아버지의 마음을 점점 더 알아가는 것 같아요. 제가 그랬
던 것처럼 저희 아이들도 가정 안에서의 친밀함을 통해 하나
님의 사랑을 알아갔으면 좋겠어요. 가장 바라는 것은 아이들
이 하나의 임재 안에서 하나님의 음성을 들으면서 사는 거예
요. 하나님과의 관계가 친밀해지면 하나님의 음성을 듣고 그
뜻에 순종하게 되는 것 같아요. 그래서 아이들이 기도하면
하나님이 자녀를 낳고 출산하라는 마음을 주실 것이고 순리

적으로 살 수밖에 없는 것 같아요."

가정을 통해 하나님 아버지의 마음을 알아간다는 나무 님의 고백에 둥지 님은 증언이라도 하듯 말을 이어갔다.

"아이들이 하나둘 태어나면서 남편이 더 좋은 아빠가 되어가고 있어요. 하나님 아버지의 마음을 알아가니 아이들한테도 너무 좋은 아빠가 되어주더라고요. 제가 아이들을 더 낳고 싶은 이유 중에 하나는 이런 좋은 아빠를 만나게 해주고 싶어서예요. 그럴 때에는 열 명이라도 낳고 싶다는 생각을 해요."

아버지로 인한 상처로 결혼에 소망이 없던 나무 님을 하나님의 마음을 닮은 좋은 아빠로 회복시키신 하나님의 사랑이 참 놀라웠다.

"아, 두 분의 가정을 통해 일하시는 하나님이 참 멋지세요."

나무 님과 둥지 님은 동일하게 가정을 '회복의 장소'라고 표현했다. 안전한 울타리 안에서 상처가 드러나고 회복되는 곳, 서로의 연약함을 짊어지며 십자가 사랑이 실제 되는 곳, 하나님과의 친밀함이 있는 에덴으로의 회복이 있는 곳. 그곳이 바로 천국 가정이다.

어둠을 물리치는 생명의 빛, 우리 가운데 거하시는 예수님의 따스한 사랑을 가득 안고 차에 올랐다.

| 말씀이 삶이 되다 |

그 안에 생명이 있었으니 이 생명은 사람들의 빛이라 (요 1:4)

말씀이 육신이 되어 우리 가운데 거하시매 우리가 그의 영광을 보니 아버지의 독생자의 영광이요 은혜와 진리가 충만하더라 (요 1:14)

다섯 번째 만남

순전한 향유옥합

오 남매를 양육하고 있다는 오산의 한 가정을 만나기 위해 차에 올랐다. 나무 님의 일터에서 만나기로 해서 회사로 찾아가는데 멀리 보이는 간판 위에 "All glory to the Lord"라는 글귀가 적혀 있는 한 건물이 눈에 띄었다. 짧은 글귀에서 이 가정의 하나님을 향한 마음의 중심이 읽혔다.

훈훈하고 밝은 인상의 나무 님은 우리 부부와 함께 간 다섯째 아이를 너무나 반갑게 맞아주셨다. 나무 님의 밝은 미소와 직원분들의 편안한 환대가 회사가 아닌 가정을 찾아간 느낌을 주었다. 나무 님은 직원들에게 나무 님의 자녀들이 아빠를 만나러 회사에 오면 편안하게 맞아주시기를 부탁드렸다고 한다. 그래서인지 막내 아이와 함께 사무실을 지나 준비된 장소로 가는 일이 어색하지 않았다. 가정을 소중히 여기고 아이들을 배려하는 '아버지의 마음'으로 푸근해졌다. 어린아이들이 오는 것을 막지 않으시고 안아주시고 안수하셨던 예수님의 마음이 전해졌다.

나무 님과 이야기 나누는 사이에 소녀 같은 순수한 웃음소리를 가진 둥지 님이 분주한 걸음으로 들어오셨다. 아이들을 집에 잠시 방문하신 친정 엄마에게 맡겨 두고 소중한 시간을 내어주신 두 분께 참 감사한 마음이 들었다. 웃는 인상의 두 분이 참 잘 어울렸다.

"두 분은 어떻게 만나셨어요?"

나무 님이 먼저 추억을 되짚으며 말문을 열었다.

"교회 청년부에 같이 있었어요. 저는 대학을 가고 군대를 가는 바람에 교회에서는 몇 번 못 보고 연락이 끊겼어요. 제대하고 복학을 했는데 어느 날 지하철역에서 익숙한 목소리가 들리더라고요. 목소리가 워낙 컸던 자매라 제가 알아보았는데 서로 너무 반갑더라고요. 같은 학교도 아니었는데 지하철역에서 만나니 참 신기했어요. 그게 인연이 되어서 여기까지 왔네요."

영화 속의 한 장면을 보는 듯한 특별한 추억으로 유쾌한 인터뷰가 시작되었다.

왠지 두 분은 원래부터 아이들을 좋아했을 것 같아서 물었다.

"결혼 초부터 자녀들을 많이 낳을 계획이 있었나요?"

"아니요. 애들은 너무 좋아하지만 첫째 아이를 낳아서 키워 보니 힘들더라고요. 그래도 둘이 결혼했으니 둘은 낳아야지 본전이겠다 싶어서 둘째를 낳았어요. 셋째는 저희가 계획을 한 건 아닌데 임신이 되어서 또 낳았죠. 그 후로는 그만 낳으려고 정관수술을 받았어요. 그런데 아내한테 특별한 마음이 생겨서 저희가 아이를 더 낳기로 결정을 했어요. 정관복원수술을 받는데 그렇게 힘든 건 줄은 몰랐어요. 정말 여자들이 아이를 낳는 것처럼 산고를 겪었어요. 전신마취를 하고 네 시간 동안 수술한 후 3박 4일 동안이나 누워 있었죠. 그 후로 넷째, 다섯째도 주셔서 또 낳게 되었어요."

"둥지 님은 어떤 마음이 있어서 복원수술을 제안하셨어요?"

"셋째를 낳은 후 저희 가정에게 주신 하나님의 은혜가 너무 크다는 게 깨달아졌어요. 그 은혜가 너무 커서 제가 하나님께 드릴 수 있는 게 뭐가 있을까 생각해 봤어요. 제가 요리나 섬김도 잘 못하고, 잘할 수 있는 게 별로 없더라고요. 그런데 사실 제가 아기를 참 쉽게 낳아요. 진통도 별로 없고 출산을 남들에 비해 수월하게 한다는 사실을 알게 되었어요. 그것도 하나님이 주신 달란트니까 경건의 자녀를 많이 낳아야겠다는 마음이 들어서 남편에게 이야기했죠. 그랬더니 남편도 같은 마음이 있다고 해서 바로 그다음 날 병원에 예약을 하고 복원수술을 받았어요. 병원에서는 복원수술을 해도 임신 가능성은 50퍼센트밖에 되지 않는다고 했어요. 수술 후 6개월 정도가 지나도 아기가 생기지 않아서 포기할 때쯤 넷째가 임신이 되었어요. 넷째 아이가 태어났는데 큰아이들이 너무 잘 돌봐줘서 수월하게 키웠어요. 그 후에 금방 또 다섯째를 주셨어요. 앞으로도 수술은 하지 않고 하나님께 맡기려고요. 저희 아이들은 지금도 동생을 더 원해요."

둥지 님의 이야기를 들으며 향유옥합을 깨뜨려 주님께 부어

생명이라는 선물

드린 여인의 사랑이 떠올랐다. 주님께 가장 좋은 것으로 은혜에 보답하고픈 두 분의 마음을 하나님께서 기쁘게 받으신 것 같았다. 두 분의 하나님에 대한 사랑은 이직의 이유에서도 엿볼 수 있었다.

"저희가 둘째를 낳고 나서 힘든 시간을 겪었어요. 남편이 건설 분야의 회사에 다니느라 주일 성수를 하기 어렵더라고요. 주일 성수를 하기 위해서 오랫동안 다니던 직장을 그만두고 이직을 하는 과정에서 어려운 시기가 왔죠. 그때 셋째 아이가 임신이 되었는데 친정 부모님은 저희 처지를 딱하게 생각하고 계셨기 때문에 차마 말씀을 못 드리겠더라고요. 엄마는 저한테 다들 아기를 안 낳는 시대이니 그만 낳으라고 하셨는데 막상 낳으니 너무 예뻐하시더라고요. 시어머님은 임신 사실을 아시고 우셨대요. 그래도 울면 안 되겠다고 생각하시고 아기 이름까지 지어 주셨어요. 그 후로도 시부모님은 낳을수록 예쁘다며 너무 좋아하셨고 어느 순간부터는 기다리시더라고요."

양가 부모님께서 출산에 대해 믿음으로 반응해주셔서 참 다행이라는 마음이 들었다.

다자녀 출산에 대해 축복해주는 어른들과는 달리 젊은 사람들의 시선은 대부분 곱지 않았다고 한다. 혹자는 아이들을 많이 낳고 키우느라 둥지 님의 삶은 어디 있냐고 묻기도 했다고 한다.

"저는 가정을 이루고 아이들을 양육하는 것이 제 삶이라고 생각해요. 아이들 때문에 제 삶이 없다는 생각을 한 번도 안 했어요. 물론 아이들을 돌보느라 제 개인 시간은 좀처럼 갖기 힘들어요. 그런데 오히려 아이들이 저를 더 성장하게 해주는 것 같아요. 제가 다섯째를 낳고 산후 우울증으로 힘들었을 때 큰딸이 저를 위로해주기도 하고, 아기 기저귀도 갈아주면서 저를 많이 도와줬어요. 셋째 아이도 엄마를 도와주려고 애쓰고 그럴 때 너무 힘을 얻었어요. 또 다른 면으로는 아이들을 위해 기도를 할 수밖에 없으니 저를 더욱 하나님 앞으로 가까이 가게 해줘요. '가정 천국'이라는 말이 맞는 것 같아요. 가정을 통해서 진짜 하나님을 더 만날 수 있고 하나님을 더 알아갈 수 있게 되었어요. 가정이야말로 하나님 나라를 가장 잘 알 수 있는 곳인 것 같아요. 자녀들은 우리에게 주신 선물, 그리고 전부죠."

자신의 유익을 위한 삶이 아니라 가정을 이루고 사는 삶 자체

가 자신의 삶임을 고백하는 둥지 님의 마음이 참 귀하다는 생각
이 들었다.

사람들을 좋아하고 회사 일이 바쁠 것 같아 보이는 나무 님의
생각도 궁금했다.

"저에게 가정은 인생의 전부예요. 아이들을 생각하면 너
무 든든하기도 하고 그냥 좋죠. 가끔은 아내한테 '아이들이
너무 예뻐서 숨이 턱턱 막힌다'고 표현하기도 해요. 물론 가
지 많은 나무에 바람 잘 날이 없듯이 많은 일들과 고민거리
들이 있어요. 친구나 지인들의 만남 요청에도 혼자서 자유롭
게 갈 수가 없기도 하죠. 또 회사가 차츰 커지다 보니 할 일은
많은데 가정에서도 저의 도움이 많이 필요해서 어려움이 있
을 때가 있죠. 그럼에도 불구하고 자녀들은 저의 힘의 원천
이라고 봐야죠. 자녀들이 있기 때문에 제가 이 자리에 서지
않았을까 생각해요. 애들이 없었으면 이렇게 열심히 살려고
애를 안 썼을 것 같아요. 그냥 주어지는 대로 대충 살지 않았
을까 하는 생각이 들어요. 제가 지인들에게 가끔 이야기하는
게 있어요. '자녀를 많이 낳으면 가정에서도 예수님을 만날
수 있다'라고요. 제가 하고 싶고 누리고 싶은 것을 내려놓기

도 해야 하고, 인내도 많이 해야 하지만 아이들을 키우면서 저도 함께 성장하는 것 같아요."

가지 많은 나무에 바람 잘 날 없다는 나무 님의 이야기에 특별하게 기억되는 일이 있는지를 물었다. 나무 님은 둥지 님이 다섯 아이들과 함께 3개월간 튀르키예로 단기 선교를 다녀왔던 이야기를 나누어주셨다. 당시 둥지 님은 다섯째 아이를 임신 중이었고 남편은 회사 일로 동행을 할 수가 없는 상황이었다. 임신한 몸으로 네 명의 어린아이들과 함께 어마어마한 양의 짐을 가지고 장시간 비행기를 타야 했다. 나무 님과 지인들은 모두가 만류했다고 한다. 그러나 둥지 님이 기도를 했을 때 하나님께서는 평안한 마음을 주셨기에 두려움 없이 단기 선교를 갈 수 있었다고 한다.

"코로나가 한참 극에 달했을 때 단기 선교를 가자는 지인의 제안을 받았어요. 가기 전에 몇 개월 동안 기도로 준비를 했어요. 엄마 두 사람과 아이들 여덟 명이서 갔지요. 저희의 사역지는 튀르키예 내에 난민들이 많이 있는 곳이었어요. 그런데 저희가 아이들을 데리고 가니까 그분들이 경계를 하지 않고 호의적으로 우리들을 대해주더라고요. 저희는 특별한

92

사역을 한 건 아니고 아이들과 함께 그분들을 위해서 기도만 해드렸어요. 그런데 저희가 돌아오고 나서 그분들 중 몇 가정이 교회에 나와서 정착을 하셨다고 해요. 아이들 덕분에 마음이 더 쉽게 열리신 것 같아요.

그렇게 저와 아이들은 3개월간 은혜로 너무 잘 지내다가 건강하게 돌아왔어요. 저와 아이들이 없는 동안 남편이 혼자 있으니 편했을 거라고 생각했어요. 그런데 오히려 남편은 저와 아이들이 걱정이 되기도 하고 너무 조용해서 잠이 안 왔대요. 아이들이 어지럽히지 않으니 집도 너무 깨끗해서 어색했다고 하더라고요."

둥지 님의 특별한 순간에 대한 이야기에 이어 나무 님도 기억나는 이야기를 들려주셨다.

"한번은 넷째 아이가 새벽에 얼굴을 침대에 심하게 부딪혀서 응급실에 갔어요. 그런데 병원에서는 성형을 하는 병원으로 가라고 하더라고요. 그래서 일단 뼈에 문제가 있는지만 확인을 해달라고 부탁했는데 안 된다고 했어요. 119에 전화를 해서 병원 문의를 했더니 멀리 다른 지역에 있는 곳으로 가야 한다고 하더라고요. 장시간 참 마음이 어려운 시간

을 겪었어요. 얼마 전 어린이날에 어느 아이가 아파서 병원
을 찾으러 다니다가 시간이 지연되어서 죽었다는 이야기를
듣고 너무 안타까웠어요. 우리나라가 아이들이 아플 때 적절
한 시간에 치료를 받을 수 있도록 의료 시스템이 잘 준비되
면 좋겠어요."

"아이들을 위한 의료 이외에도 저출산 해결을 위한 구체
적인 제안이 있을까요?"

"제가 넷째를 낳으려고 정관복원수술을 받으러 가서 의
료 보험이 되는지 물었더니 해당되지 않는다고 해서 좀 의아
했어요. 출산을 장려하려면 이런 영역에 대한 배려가 있어야
하지 않나 생각해요. 그래서 몇 년 전에 저출산 대책 위원회
에 건의를 했었어요.
　또 한 가지는 주택 문제예요. 다자녀 가정들이 편안하게
지낼 수 있는 집 마련을 위해 실질적인 혜택을 주었으면 해
요. 자녀들을 낳고 키우면서 집을 마련하기가 쉽지 않아요.
다자녀 가정을 우대해주는 아파트가 있기는 하지만 의무 거
주 기간이 5년이나 10년 이상인 경우도 있어요. 살다가 아이
들이 많아지면 집이 좁은데도 이사할 수 없는 상황이 되어

버리는 거죠. 출산 시에만 장려금을 주는 것이 아니라 병원이나 주택 같은 영역에서 아이들을 잘 키울 수 있는 환경을 마련하는 것이 더 근본적인 대책인 것 같아요."

나무 님의 말에 크게 공감하며 다자녀 가정을 위한 배려가 있는 정책 또한 장기적으로는 저출산 해결책이 될 수 있을 것 같다는 생각이 들었다.

두 분과의 즐거운 대화로 시간이 너무 빠르게 지나 마지막 질문을 던졌다.

"자녀들이나 결혼을 앞둔 사람들에게 가정에 대해 해주고 싶은 말이 있을까요?"

둥지 님은 과거에 대한 아쉬움을 표현했다.

"저랑 남편이 가끔 이야기하는 게 있어요. 우리가 만약에 결혼을 늦추지 않고 전철역에서 만났을 때 곧장 결혼을 했다면 좋았을 뻔했다고요. 그러면 아이들을 더 많이 낳았을 거라는 생각이 들어요. 또 셋째 낳고 수술을 하지 않았었다면 공백 기간이 없이 아이를 더 낳을 수 있었을 거예요. 만약에 다시 태어난다면 더 일찍 결혼해서 아이들을 더 많이 낳고 싶어요. 아이들이 너무 예쁘고 저희 삶의 전부니까요. 저희 자녀들에게 일찍 결혼해서 아이들을 많이 낳으라고 말해주는데 아직 초등학생인 저희 딸은 커서 결혼하면 여덟 명쯤 낳고 싶다고 하더라고요. 그리고 자녀들에게 무엇보다도 하나님 앞에 서 있으라고 말해주고 싶어요."

"All glory to the Lord!"

이 가정을 통해 하나님이 이미 영광을 받고 계시는 것 같다는 생각이 든다. 이 가정의 향유옥합의 향기가 많은 가정들에 전해지기를 기도한다.

| 말씀이 삶이 되다 |

이 여자가 내 몸에 이 향유를 부은 것은 내 장례를 위하여 함이니라 내가 진실로 너희에게 이르노니 온 천하에 어디서든지 이 복음이 전파되는 곳에서는 이 여자가 행한 일도 말하여 그를 기억하리라 하시니라 (마 26:12,13)

생명이라는 선물

Memo

꿈, 고난, 그리고 축복

지금까지 만난 가정들과는 달리 장성한 다자녀들이 있는 가정이 있다는 소개를 받고 서울의 한 교회로 찾아갔다. 나무 님과 둥지 님은 교회 안에 있는 아담한 카페에서 우리를 맞이했다. 그곳은 카페로 인테리어를 하기 전에는 교회에서 운영하는 선교원이었다고 한다. 아이들이 선교원에서 지내는 시간 동안 엄마들은 교회에서 함께 교제하며 즐거운 시간을 보냈었다고 한다. 덕분에 교회 성도님들 가정의 출산율이 아주 높았다고 했다. 그러나 코로나 시기가 되고 출산율이 차츰 떨어지면서 선교원이 문을 닫게 되어 얼마 전부터 카페로 이용한다고 했다. 쓸쓸한 마음이 들었지만 다시 가정의 출산율이 높아지기를 소원하며 인터뷰를 시작했다.

인터뷰 일정을 위해 둥지 님과 전화 통화를 했을 때 느꼈던 대로 둥지 님은 매우 적극적이셨다.

"저희 가정에 자녀들을 많이 허락하신 하나님의 사명이 있을 거라고 생각하고 있었어요. 그래서 주변에 가정을 이루고 자녀를 낳는 것이 참 좋다는 것을 SNS를 통해 알리고 있어요. 같은 마음으로 이 일에 동참할 기회가 주어진 것 같아 감사해요."

교회의 역사를 알고 계시는 것을 보니 두 분이 오랫동안 섬기신 교회인 것 같았다.

"이 교회에는 얼마나 오랫동안 다니셨어요?"

둥지 님은 나무 님과의 만남에 대한 이야기를 들려주셨다.

"저는 결혼 후부터 다녔으니 23년이 되었고 남편은 저보다 먼저 이 교회에 왔으니까 28년쯤 되었어요. 그때 남편은 이 교회의 청년부 회장이었고 저는 다른 교회의 청년부 회장이었어요. 제가 회장을 맡은 건 처음이라 회장 역할을 어떻게 해야 하는지 잘 모르겠더라고요. 그때 제가 아는 동생이 회장 역할을 배울 수 있는 다른 교회 청년부 회장을 소개시켜 주겠다며 지금의 남편을 소개시켜 줬어요. 처음 6개월 정도는 회장 역할을 배우면서 만났는데 그 후로 6개월간 교제를 하고 결혼하게 됐어요. 그리고 지금까지 계속 이 교회를 다니고 있죠.”

“두 분이 교회 안에서 다자녀 가정의 출발이셨을 것 같은데 맞나요?”

나무 님이 차분히 지나온 이야기들을 들려주셨다.

“결혼 전에 목사님과 사모님께서 자녀 양육에 대한 조언을 해주셨어요. ‘자녀들을 키울 때 세속적인 방법으로 공부를 많이 시켜서 변호사, 의사가 되게 해야겠다는 것이 목표가 되면 안 된다. 하나님이 주신 달란트대로 키우면 농부가 될 수도 있고, 공장에서 일할 수도 있고, 의사가 될 수도 있고, 그림을 그리는 사람이 될 수도 있다. 그러니 자녀 양육에 너무 부담을 가지지 않아도 괜찮다’라는 말씀을 해주셨어요. 그 말씀을 들으면서 자녀를 많이 낳는 것도 좋겠다는 생각을 했었어요.”

둥지 님이 나무 님의 이야기를 이어갔다.

"저는 결혼 계획이 없었다가 남편을 만나 갑자기 결혼을 했고, 더군다나 자녀 계획은 전혀 없었어요. 신혼 때 남편이 지나가는 말로 자기는 다섯 명을 낳고 싶다고 했는데 귀담아 듣지도 않았었죠. 그런데 신혼여행 때 곧바로 임신이 되어서 첫째를 낳았어요. 주시는 대로 낳다 보니 첫째를 수유를 하는 동안 둘째가 바로 임신이 되고 계속해서 임신이 너무 잘 되는 거예요. 그렇게 넷째까지 낳았는데 모두 딸이었어요. 그러던 어느 날 골목길을 걸어가는데 제 앞에 아빠가 양손에 두 딸의 손을 잡고 가는 모습이 조금 쓸쓸해 보였어요. 그래서 남편한테 아들을 낳아주고 싶다는 마음이 생겨서 다섯째를 가지게 되었죠. 그러다 보니 6년 만에 오 남매를 낳았어요. 시간이 한참 흐른 뒤에야 하나님께서 남편의 소원과 제 소원을 모두 들어주셨다는 것을 깨달았어요."

물론 둥지 님은 임신이 잘되었지만 연이은 출산과 양육의 과정들이 쉽지는 않았다고 했다. 첫째 아이는 7개월 만에 조산을 해서 인큐베이터에서 50일간 지내야 했다. 둘째는 첫째를 낳은 지 얼마 되지 않아 곧바로 태어나서 모유가 모자라서 힘들었다고 한다. 셋째는 아토피가 심해 어려움을 겪었다. 다섯째는 조산기가 있어서 병원에 입원해서 한참을 누워서 지내야 했다. 크고 작은 어려움들을 겪었다. 자녀 양육의 과정에서 둥지 님뿐만 아니라 나무 님도 어려운 시기를 겪었다고 했다.

"12년쯤 전에 제가 폐결핵이 걸렸는데 뇌결핵으로 전이가 되어서 쓰러진 적이 있었어요. 그 바람에 거래처도 모두 끊어지고 직원들도 거의 다 떠나갔죠. 몸이 많이 아파서 1년 동안은 일을 할 수가 없었어요. 첫째가 중학교에 올라가던 해였고 동생들은 모두 어린 시기였어요. 그러니 재정적으로도 어려움을 겪게 되어서 아내가 쌀과 우유밖에 사지 못 했어요. 외식도 하지 못 했고, 아이들에게 필요한 것들도 사 주지 못 했어요. 아내가 고생을 많이 했죠. 아이들이 사춘기를 겪을 시기여서 걱정을 했는데 감사하게도 아이들이 그 시기를 통해서 알뜰한 소비 습관이 생겼어요. 옷은 바자회에서 싼 옷으로 구입하고 지인들이 주는 용돈이나 세뱃돈을 각자 자기 통장에 알뜰하게 모으기도 하더라고요. 주일 헌금을 하거나 선교를 갈 때에는 자기가 모아둔 돈을 사용하고요. 지금도 용돈을 아주 절약해서 사용하는 모습이 보여요. 제가 가르친 것도 아닌데 힘든 시기를 통해서 하나님께서 아이들을 그렇게 키워 주신 것 같아요."

둥지 님도 그 시절을 회상하며 말문을 열었다.

"아이들은 많고 어린데 남편이 언제 일어날지 기약이 없어서 처음에는 힘들어서 펑펑 울기도 했어요. 제가 할 수 있는 일은 하나님께 붙어있으면서 최선을 다하는 것밖에 없었어요. 아무것도 염려하지 말고 기도하라는 말씀을 붙들었더니 정말 말씀대로 인도해주시더라고요.

제가 개인적으로 좋아하는 성경 인물이 '요셉'이예요. 요셉이 어려운 상황들 속에서도 하나님을 의지하며 견뎌냈던 게 생각이 났어요. 요셉처럼 고난 가운데서도 하나님을 떠나지 않으면 분명히 그 고난을 통해서 하나님이 역사하실 거라는 믿음이 있었어요. 그렇게 1년이 지나고 나서 하나님이 새로운 사업을 열어주셔서 지금까지 잘 성장하게 되었어요. 저도 최선을 다했지만 그 이상으로 하나님이 은혜를 부어주셨어요.

일반적으로 가정을 이루고 자녀를 낳을 생각을 하면 집은 어떻게 하며 교육비는 어떻게 감당을 할지 염려를 하게 되는 것 같아요. 그런데 옛 어른들이 '자기 밥그릇은 가지고 태어난다'라고 말씀하신 게 참 지혜로운 것 같기도 해요. 부모가

생명이라는 선물

하나님을 신뢰하고 하나님 앞에 서 있으면 하나님이 자녀들을 고난 가운데서도 잘 키워 주시는 것 같아요."

힘든 시기도 있었지만 자녀들이 성장한 지금 분명히 보람도 있을 것 같았다.

"자녀들은 어떻게 자라고 있고 어떤 보람이 있으신가요?"

나무 님이 흐뭇한 미소를 지으며 입을 열었다.

"아이들이 어렸을 때에는 저희가 신앙적으로 조언도 해주고 가르치기도 했는데 성인이 되면서는 오히려 저희들에게 선한 영향을 끼치기도 해요. 하나님에 대해 알아가면서 믿음이 성장하는 모습이 보이니까 열심인 모습이 도전도 되고요.

자녀 출산과 양육은 등산과 비슷한 것 같아요. 산에 오르기 전에는 등산을 가려면 등산화도 있어야 되고, 등산복도 있어야 한다는 등 여러 가지 생각을 하게 되니 안 가고 싶기도 하죠. 그런데 막상 산을 오르다 보면 생각하지 못한 아름다운 경치가 있고 올라가서만 느낄 수 있는 매력이 있어요.

자녀 양육도 마찬가지인 것 같아요. 양육비나 여러 가지

갖추어야 하는 조건들에 대한 염려 때문에 낳지 않는 경우도 있는데 막상 낳아서 키우다 보면 힘은 들지만 생각지 못한 기쁨과 보람도 있고 행복한 것들이 많아서 참 좋은 것 같아요. 그래서 처남들이나 자녀들에게 아이를 많이 낳으라고 권면하죠. 또 저희가 잘 키우면 그것이 본이 되어서 선한 영향력이 있겠죠."

둥지 님도 하나님 안에서 성장해 가고 있는 자녀들을 보면 보람을 느낀다고 했다.

"아이들이 학창 시절을 행복하게 보냈으면 좋겠다는 생각을 했었어요. 아이들을 키우다 보니 중학생쯤 되자 각자의 달란트가 보였어요. 그 재능을 잘 키울 수 있는 진로를 선택할 수 있도록 도와주었더니 하나님께서 각자에게 맞는 길을 열어주셨어요. 아이들이 그 길을 걸어갈 수 있도록 하나님이 섬세하게 인도해주시는 것을 경험했어요. 무엇보다도 아이들이 하나님을 만나고 있어서 감사해요. 물론 사춘기를 겪으며 부모와의 관계가 어려운 시기들도 있었지만 기도하면서 지혜를 구했어요. 믿음의 선배들의 경험을 듣고 배우면서 잘 헤쳐 나왔더니 지금은 아이들과 관계가 좋아요. 서로 조언도

생명이라는 선물

해주고 기도도 해주면서 동역자가 되어 가는 것 같아요. 큰
딸은 지금 저희랑 같이 일하고 있어요. 둘째와 셋째는 기독
교 대학에서 신앙적인 성장을 이루어 가고 있고요. 넷째와
다섯째도 하나님 안에서 변화되고 있는 모습이 보여서 참 감
사하고 있어요. 다자녀를 키우시는 부모님들은 특히 더 어려
움들이 많이 있을 거예요. 어떠한 고난이든 그것은 하나님께
서 더 가까이 나아오라고 보내시는 신호인 것 같아요. 그럴
때 부모가 하나님께 붙어있으면 하나님이 그 고난을 이겨낼
수 있게 하시고 자녀들의 문제도 해결해주시는 것 같아요.
또한 저희는 대가족을 이루어서 살고 있는데 남동생들도 저
희 가정을 보면서 자녀들을 많이 낳고 싶어 해요. 실제로 제
동생도 자녀를 네 명이나 낳았고, 작은 동생도 많이 낳고 싶
어 하더라고요."

요즘에는 보기 드물게 둥지 님은 삼 대가 함께 대가족을 이루
고 살고 있었다. 부모님과 둥지 님 가정, 두 남동생 가정들이 한
건물에서 함께 살고 있었다. 그 과정 가운데 많은 어려움이 있었
지만 둥지 님은 하나님이 주신 꿈이었기에 하나님께서 이루어 주
셨다고 고백했다.

"하나님이 아담과 하와가 태초의 가정이 되게 하신 것처럼 가정은 우리 인생의 전부인 것 같아요. 가정이 천국의 모형이라는 표현을 하는데 모형이 아니라 이 땅에서 누리는 천국이라는 생각이 들어요. 가정이 이 세상을 이루는 가장 중요한 기본 단위죠. 각 가정이 바로 서면 대부분의 사회 문제도 없어질 거라고 생각해요.

저는 늘 하나님의 마음과 생각이 제 마음과 생각이 되기를 기도했어요. 조부모, 부모, 자녀 이렇게 삼 대가 같이 사는 것에 대한 소원함도 하나님이 주신 것 같아요. 저희는 부모님에게서 예의범절이나 자녀 양육에 대한 지혜를 배우고, 부모님들은 손주들을 함께 돌봐주시면서 큰 기쁨을 누리고 계셔요. 그런 과정에서 삶의 활력이 생기시니 노화도 늦추어지는 것 같아요. 요즘은 대부분 핵가족으로 살고 있어서 많은 문제들이 생기고 있는 게 아닌가 생각해요. 결혼 후에는 부모와 따로 살면서 자녀 양육에 대한 지혜라든가 어른에 대한 공경이 많이 사라지고 있는 것 같아요. 노인들도 긴 노년의 시간이 무기력하고 외로우신 것 같고요. 하나님이 저희 가정을 통해서 삼 대가 함께 사는 가정의 모델을 보여주고 싶으셨던 게 아닐까 생각해요.

함께 한 건물에서 살게 되기까지 많은 어려움도 있었지만 그때마다 하나님께서 감당하게 하시고 결국 이루게 하셨어요. 어느 날 새벽에 기도하는데 하나님께서 저에게 '너를 요셉과 같이 쓰고 있다'는 마음을 주셨어요. 그간의 어려웠던 과정들이 떠오르며 하나님의 위로에 많이 울었던 기억이 있어요. 가정은 저에게 전부이고, 정말 귀한 곳이예요."

둥지 님은 어려움을 뛰어넘게 하신 하나님의 소망과 위로를 기억하며 눈시울이 젖었다.

꿈을 주셨다. 꿈을 향해 가는 길에 많은 고난을 만났다. 고난 중에도 늘 위로와 소망을 주시며 함께 걸어가 주셨다. 꿈은 이루어졌고 축복의 통로가 되어 또 다른 꿈을 잉태하게 하셨다. 꿈꾸는 자 요셉처럼….

| 말씀이 삶이 되다 |

여호와께서 요셉과 함께하시므로 그가 형통한 자가 되어 그의 주인 애굽 사람의 집에 있으니 그의 주인이 여호와께서 그와 함께하심을 보며 또 여호와께서 그의 범사에 형통하게 하심을 보았더라 (창 39:2, 3)

풍선 줄을 잡고 계신 아버지

부산에서 육 형제를 양육하고 있는 입양 가정을 소개받아 찾아갔다. 첫째 아들만 직접 출산을 했고 다른 오 형제는 모두 입양을 했다는 이야기를 듣고 유독 남자 아이들만 입양을 한 이유가 궁금했다.

나무 님이 가게를 운영하고 있어서 가게 옆 카페에서 만나기로 했다. 가게 안에서 분주하게 일을 하고 계시는 나무 님이 보였고 얼마 지나지 않아 둥지 님과 함께 카페로 오셨다. 여섯 아이들이 자라면서 재정적인 필요가 차츰 커져서 나무 님은 얼마 전부터 가게를 시작했다고 한다. 나무 님은 인사를 나눈 후 가게 일을 위해 가게로 발걸음을 옮기셨다. 작은 체구에 차분하고 조용한 인상의 두 분이 아들만 여섯 명을 키우고 있다는 사실이 상상하기 어려웠다.

　"두 분은 어떻게 만나셨어요?"

　"저희는 교회 청년부에서 만났어요. 제가 선배이고 남편은 후배였죠. 선후배로 사이좋게 잘 지내다가 연인으로 발전해서 만난 지 521일째 되는 날 결혼을 했어요."

　결혼한 지 오랜 세월이 지났을 텐데 연애 날수까지 기억하고 계시는 둥지 님의 미소가 소녀 같았다.
　결혼 전 둥지 님은 예수님을 믿고 하나님의 자녀가 된 사실이 너무나 감격스러워 하나님이 기뻐하시는 삶을 살고 싶은 열망을 갖게 되었다. 특히 믿지 않는 가족의 구원과 결혼 후 믿음의 가정을 이루고, 자녀들을 믿음으로 잘 키우고 싶은 욕심이 있었다.
　믿음의 가정을 이룬 후 자녀는 두 명을 계획했다. 첫 임신을 했는데 얼마 되지 않아 아기가 다운증후군에 무뇌아로 유산이 되고 말았다. 힘든 시간들을 견디며 하나님 앞에 자녀에 대한 욕심을 조금씩 내려놓게 되었을 때 하나님은 다시 아기를 주셨다. 그런데 임신 중에 받은 검사에서 아기가 기형인 것 같다는 진단을 받았다. 둥지 님은 생명의 주인이 하나님이심을 인정하며 뱃속 아기를 위해 기도하고 출산을 결심했다. 아기가 건강하게 태어나면 더 이상은 아기를 낳지 않고 입양을 하겠다고 하나님께 서원했다. 드디어 첫째 아들이 태어났고 아이는 건강했다. 첫째가 세 살이 되자 하나님과의 약속을 지키기 위해 입양을 시작했다고 한다.

"당시 제 주변에는 입양 가정이 없었고 저희도 입양이 처음이라 두려웠어요. 게다가 양가 어른들과 형제들, 친구들까지 모두 반대를 해서 마음이 힘들었지만 하나님과의 약속을 지키고 싶었어요. 어딘가에서 우리 가정을 기다리고 있을 아기를 생각하면서 용기를 냈죠. 그렇게 생후 15일이 된 아기가 저희 집에 오게 되었어요. 하나님과의 약속을 지켜서 마음은 벅찼지만 육아의 현실은 쉽지 않았어요. 힘들 때마다 하나님께 지혜를 구할 수밖에 없었죠. 그런데 어느 날 둘째가 말을 배우고 얼마 지나지 않았을 때 처음으로 자기 입으로 하나님께 기도를 했어요. 그때 제가 진짜 너무 감격해가지고 펑펑 울었거든요. 그래서 그때 결단했던 게 '아이한테 다른 어떤 것보다 예수님만 전해주면 된다' 하는 확신이었어요."

둘째 입양으로 둘만 낳자는 결혼 초의 계획이 이루어졌는데 계속 입양을 하게 된 특별한 사연이 있을 것 같았다.

"셋째는 어떻게 입양을 결심하게 되었나요?"

"둘째 아이가 조금 크니까 자신이 형하고 출생이 다른 것에 대해 주변 친구들과 비교하면서 많이 힘들어했어요. 그래서 저희 부부가 이 아이를 위해서는 동생이 입양되는 과정을 경험하게 해주는 게 좋겠다고 생각해서 입양을 결정했어요. 딸은 입양하려면 2년 정도를 기다려야 되는데 아들은 많다고 해서 셋째도 아들을 입양했어요. 그러면서 둘째 안에 눌려있던 것들이 많이 풀어지고 밝아졌어요. 삼 형제를 키우면서 굉장히 화목하게 잘 지내고 있었죠.

그러던 어느 날 제가 주일학교 교사 강습회에 가서 강의를 듣는 중에 하나님이 저희 가정을 통해 구원할 영혼이 있다고 말씀하셨어요. 사실 처음에는 아들 셋도 많다고 생각해서 강하게 거부를 했었는데 하나님이 계속 제 마음을 바꿔주시더라고요. 저는 이미 두 아이를 입양해서 키우고 있었기 때문에 이 정도면 하나님이 기뻐하시는 선한 일을 했다고 생각했어요. 그런데 하나님은 '둘째는 네가 서원해서 입양을 했고, 셋째는 너희의 필요에 의한 입양이었고 지금이 나에 대한 순종이다'라고 말씀하시더라고요. 좀 당황스럽기도 하고 두려운 마음도 있어서 남편에게도 말을 못하고 계속 미루고 있다가 도저히 안 될 것 같아서 40일 작정 기도를 하고 그간의 과정에 대해 사실대로 얘기했어요. 남편은 딱 한마디를 하더라고요. '순종이 가장 행복한 거예요'라고요. 그렇게 넷째를 만나게 되었죠."

넷째가 네 살 되던 해에 뉴스를 보던 둥지 님은 뉴스를 보다가 입양 특례법 때문에 입양이 줄고 영유아 유기가 늘고 있다는 소식을 접했다. 여자 아기들은 입양이 잘되지만 남자 아기들은 입양을 기다리다가 보육원이나 해외로 입양되어 간다는 이야기에 너무 가슴이 아팠다. 한 영혼이라도 더 품고 싶은 마음에 남편에게 부탁을 했고 남편은 부담스러워했지만 함께 기도하면서 준비하자고 해주었다. 주변 사람들로부터 '입양 중독이다', '자식 욕심이다'라는 오해를 많이 사서 너무 괴로운 시간을 보냈다. 그러나 하나님 앞에 나아가 울며 기도했을 때 하나님은 야고보서 1장 27절 말씀을 주셨다.

"하나님 아버지 앞에서 정결하고 더러움이 없는 경건은 곧 고아와 과부를 그

환난 중에 돌보고."

나무 님과 둥지 님은 이 말씀에 힘입어 순종하기로 결심하고 다른 사람들의 비난에 반응하지 않기로 했다.

"다섯째 입양 서류를 준비하다가 입양할 아기 소식을 듣게 되었어요. 아기 엄마가 병원에서 아기를 낳고 사라져 아기가 신생아실에서 3개월, 임시보호소에서 6개월을 지냈다고 하더라고요. 생모를 찾아내긴 했지만 아기를 키울 의사가 없으니 입양이 빨리 되지 않으면 아기는 보육원으로 가게 되고 생모는 실형선고를 받게 될 상황이었어요. 저희는 저희 가정에 보내주신 아기라는 확신이 들어서 서둘러서 입양을 했죠. 처음에는 아기가 너무 작아서 깜짝 놀랐어요. 마음이 너무 아프고 더 빨리 입양하지 못해 너무 미안한 마음이 들었어요. 지금은 목소리도 커지고 힘도 세지고 말씀 암송과 찬양도 얼마나 좋아하는지 몰라요."

둥지 님은 아이들 이야기를 할 때에 너무 행복해 보였다. 한 아이 한 아이의 입양 과정을 이야기할 때마다 아이들의 아픔을 공감하며 울고 입양의 기쁨으로 웃었다. 지금까지의 입양에 관한 사연들이 너무 감동이 되어서 여섯째 아이 입양은 하나님이 어떻게 인도하셨는지 기대가 되었다.

"다섯 아들들과 분주하지만 행복한 시간을 보내고 있던 2018년 어느 봄날이었어요. '잃어버린 양 한 마리를 찾으러 다니시는 예수님'의 말씀을 묵상하다가 저도 예수님을 만나기 전에는 그 한 마리 양이었는데 예수님이 먼저 저를 찾아주셨다는 사실이 마음을 찔렀어요. 동시에 '혹시 우리 가정이 찾아주길 애타게 기다리는 한 영혼이 있는 건 아닐까?' 하는 생각이 들었어요. 게다가 둘째가 '엄마! 저는 입양이 되니 너무 행복하고 좋아요. 그런데 아직도 많은 아이들이 입양되지 못하고 있어요. 아빠 엄마가 그런 아이들을 더 입양해주시면 안 될까요?' 하고 부탁을 하더라고요. 그래서 온 가족이 함께 기도하면서 여섯째 입양을 결정했어요.

입양을 위해 입양 기관에 갔을 때 저희 가정에는 이미 입양한 아이들이 많이 있고 수입이 너무 적다면서 거절하더라고요. 할 수 없이 다른 입양 기관에 상담을 하러 갔는데 거기서도 역시 거절당했어요. 계속 거절당하니 낙심이 되어서 '하나님, 그 잃어버린 한 영혼이 도대체 어디에 있는 거죠?' 하고 물었어요. 그때 하나님이 쉽게 찾아지면 잃은 양이 아니라는 것을 깨닫게 해주셔서 계속 기도하며 찾았죠. 마침 저희 집 근처에 보육원이 있다는 것을 알게 되어 갔더니 저희 다섯째보다 두 살 어린 아기가 있어서 입양을 결정했어요. 여섯째는 태어나자마자 베이비박스에 맡겨져서 부모님이 누구인지도 알 수 없고 생일과 이름밖에 몰라서 마음이 아팠어요. 그런데 아기를 처음 만난 날 저희 남편이랑 아기가 너무 많이 닮아서 깜짝 놀랐어요."

다섯 아들을 입양하기까지의 긴 여정 가운데 극심한 반대와 비난을 견뎌 내며 가슴앓이를 했던 시간들 한가운데서 둥지 님은 때마다 격려와 위로를 해주시는 좋으신 하나님 아버지를 만났다. 둥지 님이 둘째를 입양한 후 하나님은 방언을 선물로 주셔서 더 깊은 기도를 할 수 있게 되었다. 셋째 입양을 앞두고 집안 어른들과 가치관이 달라서 극심한 반대에 부딪혀 혼자 남겨진 것 같은 깊은 외로움을 느꼈을 때 큰아이는 암송한 말씀으로 엄마를 위로해주었다. 또 하나님은 둥지 님이 수요 예배에서 기도하는 중에 '끈이 떨어진 풍선'이 혼자 하늘로 둥둥 떠가는 모습을 보여주셨다. 둥지 님은 의지할 곳 하나 없는 자신의 처지가 그 풍선처럼 느껴졌다. 그때 하나님께서 '내가 너를 잡고 있단다. 내가 너를 놓지 않을 거야' 하고 위로해주셨다. 그리고 끈이 떨어진 풍선이 바로 '입양아들의 상실'인 것을 깨닫게 해주셨다. 아무 힘이 없이

이 세상에 나온 아이들이 엄마와 분리되어 자기를 돌봐줄 사람이 아무도 없을 때의 마음을 느끼게 해주셨다. 입양된 자녀들이 때때로 찾아오는 외로움과 알 수 없는 감정들로 힘들어할 때마다 끌어안고 함께 아파하며 울어 줄 수 있는 것도 이 때문이다.

하나님을 알지 못 했던 친정 부모님은 둥지 님 가정이 넷째 아이를 입양했을 때 '이 일은 사람의 마음으로는 할 수 없는 일이다. 정말 하나님이 계신 것 같다'라고 인정하시며 하나님을 믿게 되었다. 입양을 통해 둥지 님의 소원이었던 부모님의 영혼 구원도 이루어주셨다.

하나님의 위로는 아이들로 인한 기쁨으로도 전해져왔다.

"주변에서 제가 아이들 이야기를 할 때 제일 행복해 보인다고들 해요. 제 또래 친구들은 자녀들이 다 커서 이제 웃을 일도 별로 없고 갱년기가 와서 몸도 마음도 힘들다고 하는데 저희는 아이들이 많기 때문에 조용할 날이 없고 그냥 별 것도 아닌 일로 깔깔깔 웃기도 해요. 그러니까 저도 하루 종일 그냥 웃는 일이 많고 살아있다는 게 계속해서 느껴져서 건강한 것 같아요. 아이들이 많으니 너무 바빠서 시간도 더 빨리 지나가는 것 같고요. 생명은 어떤 말로도 표현이 안 되는 그런 감사함을 주는 것 같아요.”

아이들은 기쁨을 줄 뿐만 아니라 부모님을 성장하게 해주었다.

“아이가 한두 명 있을 때는 제가 아이의 부족함을 잘 가르쳐야겠다고 생각했어요. 그런데 아이들이 많아지다 보니 제 한계가 느껴져서 아이들의 부족함을 바꿔야겠다는 생각보다는 아이들의 장점을 잘 살려야겠다는 생각을 하게 되더라고요. 제가 원래는 작은 일에도 걱정이 많은 사람이었는데 아이들이 많아지다 보니 제가 감당할 수가 없어서 하나님께 맡길 수밖에 없게 되었어요. 하나님의 도움을 구하다 보니 걱정이 별로 안 되고 하나님의 자녀이니 하나님이 키우실 거라는 믿음이 생겼어요. 하나님의 계획이 있어서 우리 가정에 보내셨으니 하나님이 이 아이들을 어떻게 키워가실지 기대도 되고요. 또 아이의 연약함을 보면서 ‘아! 우리 아버지 하나님이 나를 이렇게 참아주시고 기다려주시는구나’ 하는 걸 깊이 깨달았어요. 부모가 되면서 하나님의 마음을 더 알게 되고 더 사랑하게 되니 다른 사람들도 더 이해하게 되고 제 스스로를 돌아보고 겸손하게 되는 것 같아서 참 감사하더라고요.”

생명이라는 선물

"둥지 님의 이야기를 들으며 저도 다시 한 번 가정의 소중함을 되새길 수 있는 시간이 되었어요. 둥지 님에게 가정은 어떤 의미인가요?"

"가정은 하나님의 축복의 통로이고 구원의 방주라고 생각해요. 사실 많은 분들이 저희가 아이들을 입양해서 제대로 키울 수 있겠냐고 우려를 많이 하셨어요. 그런 우려는 대부분 저희 가정의 경제적인 수준을 보고 하시는 말씀이죠. 그런데 저희는 세상 사람들은 아이들을 더 잘 먹이고 더 좋은 것을 입히는 것을 요구할지라도 저희는 그런 것에 대해 주눅 들 필요가 없다는 확신이 들었어요. 저희 가정에 온 아이들이 모두 다 구원받는 이곳이 바로 하나님이 운행하시는 구원의 방주라고 생각해요.

아이들이 저한테 엄마의 소원이 뭐냐고 물으면 저는 '엄마 소원은 너희들이 엄마보다 열 배, 백 배 더 큰 믿음의 소유자가 되어서 평생 하나님과 예수님 안에서 기쁨을 누리며 사는 거야'라고 말해줘요. 아이들이 좀 커서 사춘기가 되니 좌충우돌하기도 하고 공부를 손에서 놓아버리기도 하고 생활을 무질서하게 하기도 해서 불안한 시기가 있었어요. 그런데도 주일에는 새벽부터 일어나서 준비하고 꼭 예배를 드리러

가고 작은아이들은 저와 함께 수요 예배까지도 드리러 가곤
해서 너무 신기했어요.

그런 걸 보면서 '엄마가 무엇을 가장 중요하게 생각하는
지 아이들이 알고 있구나'라는 생각이 들어서 이제는 오히려
감사하다는 생각이 들더라고요."

하나님이 운행하시는 구원의 방주.

하나님의 명령에 순종하여 구원의 방주를 짓기까지 사람들의
비난과 놀림을 견뎌 내며 오랜 시간 방주를 준비했을 노아의 눈
물과 땀이 그려졌다. 세상의 비웃음과 비난 속에서도 하나님을
사랑해서 하나님의 말씀에 순종하기 위해 흘렸을 나무 님과 둥지
님의 눈물과 땀으로 이룬 이 가정이 구원의 방주다. 방주를 짓기
까지의 긴 여정 가운데에서 겪었던 외로운 싸움들, 그러나 풍선
줄을 붙잡고 계신 하나님 아버지의 따스한 손길로 우리의 이야기
는 눈물과 웃음이 범벅이 되었다.

| 말씀이 삶이 되다 |

하나님 아버지 앞에서 정결하고 더러움이 없는 경건은 곧 고아와 과부를 그 환
난 중에 돌보고 또 자기를 지켜 세속에 물들지 아니하는 그것이니라 (약 1:27)

생명이라는 선물

2부

부르시니
순종합니다

여덟 번째 만남

밭에 감추인 보화

평택의 오 형제 가정으로부터 또 다른 오 형제 가정을 소개받았다. 자녀 수와 성비가 같아서 서로 공감이 잘 되어 교제하며 힘을 얻는 가정이라고 했다. 그런데 자녀들뿐만 아니라 탈북민 자녀 두 명을 함께 돌보고 있다고 했다. 다섯 아이들을 돌보는 일만도 녹록지 않을 텐데 어떤 분들인지 너무나 궁금해 인터뷰 날짜가 기다려졌다.

엘리베이터가 없는 작은 빌라의 3층으로 계단을 걸어 올라갔다. 계단을 오르며 문득 밭에 감추인 보화를 찾으러 가는 것 같다는 생각이 들었다. 문을 열고 들어가자 20평 남짓 되어 보이는 공간은 나무 님과 둥지 님, 인터뷰를 위해 막내 아이를 돌봐주시러 오신 외할머니, 그리고 일곱 명의 아이들로 가득 차 있었다. 할머니 품에 안긴 8개월 된 막내의 보석같이 빛나는 눈망울에 금세 마음을 빼앗겼다.

"교회 사역 끝나시자마자 아이들 돌보시느라 바쁘실 텐데 인터뷰에 응해주셔서 감사드려요."

주일 교회 사역을 마치고 집에서 맞이해주신 나무 님이 말문을 여셨다.

"자녀들을 낳아서 키우다 보니 너무 큰 축복이라는 생각을 점점 더 하게 돼요. 자연스럽게 주변에 결혼과 출산에 대해서 권면을 많이 하게 되더라고요. 그래서 조금이라도 도움이 된다면 동참하고 싶은 마음이 들었어요."

둥지 님은 다섯 아이들의 엄마라고 하기에는 너무 앳된 얼굴이었다.

"둥지 님은 결혼을 일찍 하셨나 봐요."

"제가 학생이었을 때 제가 다니던 교회에 처음으로 한 전도사님이 오셨어요. 당시에 저는 신학을 하고 싶었는데 신학 대학에 떨어져서 뭘 해야 하나 기도하는데 하나님이 사모에 대한 소원함을 주셨어요. 처음에는 전도사님이 너무 아저씨 같아 보여서 전혀 마음이 없었는데 하나님이 차츰 마음을 열어주신 것 같아요. 물 흐르듯이 전도사님에 대한 마음이 조금씩 생겨서 21살에 결혼했어요. 사실 그때는 제가 어리기도 했고 이 사람 아니면 안 된다는 감정은 많이 없었는데 같이 살면서 점점 더 좋아져서 그때보다 지금 더 좋아해요. 그래서 저는 결혼도 하나님의 인도하심이 없이는 할 수 없다고 생각해요."

나무 님도 그 당시를 회상하며 미소를 지었다.

"당시에 저는 전도사였고 아내는 학생이었기 때문에 처음에는 서로 전혀 관심이 없었죠. 나이 차이도 많지만 사역을 위해 갔기 때문에 만나서도 안 되는 상황이어서 상상도 못 했어요. 아내를 만나기 전에는 저는 결혼을 하지 못할 거라고 생각했어요. 제가 하고 있던 노숙자 사역이나 비행 청소년 사역들이 멀리서 보면 참 아름다운 사역인데 가까이서 들여다보면 참 치열한 사역이니 자매들이 꺼려하더라고요. 그런데 아내와 함께 대화하면서 서로에 대한 마음을 갖게 되었어요. 교제 허락을 받으려고 자매 집에 갔는데 장인어른이 딸이 너무 어리니 3년 정도는 만나 보고 결혼하라고 하셨어요. 그런데 그다음 날 바로 꿈을 꾸셨는데 꿈속에서 제가 신랑 차림으로 자매 집으로 들어가는 꿈이었대요. 당시에 장인어른은 교회에도 다니지 않으셨고 평소에 뱀 꿈과 군대에 끌려가는 꿈 말고는 다른 꿈은 꾼 적이 없으셨대요. 그래서 더욱 그 꿈이 하나님의 뜻이라고 확신을 하셨던 것 같아요. 꿈을 꾼 다음 날 바로 저를 다시 불러서 결혼 날짜를 잡아주시더라고요. 그 바람에 교제한지 3개월 만에 결혼을 하게 됐어요. 연애를 오래 하지 않아서 결혼 후에 연애하듯이 서로를 알아갔죠."

결혼을 위한 3년의 기다림이 3개월로 줄었다. 하나님이 두 분의 결혼을 적극적으로 인도해주신 것 같다는 생각이 들었다. 둥지 님은 어린 나이임에도 결혼 후 하나님이 주시는 대로 자녀를 출산했다고 한다.

당시 나무 님은 젊은 노숙자들이나 조현병을 앓고 있는 사람들, 마음에 힘을 잃은 사람들을 집에 들여 함께 살았다. 둥지 님은 당시 공동체 구성원들을 돌보느라 때로는 힘든 시간들을 보냈고 어린 자녀들에게 온전히 집중하지 못해 미안한 마음도 컸다고 했다. 그러나 돌아보니 그것 또한 하나님의 선한 일하심이었다고 고백했다.

"그 당시에는 첫째와 둘째를 임신하고 출산하는 동안 다양한 노숙자 분들을 돌봐야 해서 힘든 시간들이 있었어요. 스트레스로 몸이 많이 아프기도 했어요. 그런데 한편으로는 제가 아이들만 낳고 양육했다면 이렇게 많이 낳지 못 했을 것 같아요. 옛날 대가족처럼 그분들이 삼촌, 이모가 되어 저희 아이들과 놀아주기도 하면서 공동체로 지낸 7년 동안 자녀가 다섯 명이 되었네요. 올해는 안양 시에서 세 자녀 이상의 가정들 중에서 추첨해서 아파트를 제공해주었는데 당첨되어 처음으로 아이들과 탈북민 성도 자녀 둘과 함께 지내게 되어 감사해요."

오 형제 외에 탈북민 성도 자녀 둘을 돌보게 된 사연이 궁금해졌다. 일곱 식구가 함께 지내기도 벅찰 텐데 탈북민 성도의 어린 두 자녀까지 돌보게 된 사연에 대해 둥지 님은 자연스럽게 말을 이어나갔다.

"탈북민 성도 가정에서 부모가 아이들을 돌볼 수 없는 상황이 되어 저희가 두 남매를 함께 돌보고 있어요. 저희 아이들까지 합하면 일곱 명이지만 공동체 생활을 하며 극한 상황을 경험해서인지 아이들만 돌보는 일은 그렇게 힘들게 느껴지지 않아요. 아이들과 함께 나가기도 하고, 함께 뭔가를 하는 것 자체가 그냥 기쁨이예요. 아이들도 형제들이 많아서 행복하대요. 친구들한테 우리 집에는 형제가 많다고 하면서 동생도 있고 형도 있다고 자랑하더라고요. 뒤에서 그런 모습을 보는 엄마의 마음이 너무 감사하고 기쁘죠. 그런 마음이 자녀들을 바라보는 하나님의 기쁨이지 않을까 하는 생각이 들었어요. 지금 이렇게 아이들과 함께 있는 시간이 너무 행복해요. 앞으로도 하나님이 허락하시면 자녀들을 더 낳을 생각이예요."

아이들 이야기를 하는 동안 둥지 님의 얼굴에 기쁨이 넘쳤다. 나무 님도 아이들과 종일 함께할 수 있는 요즘이 너무 행복하다고 했다.

"사실 저는 자라온 환경에서 건강한 아버지상을 경험하지 못 했어요. 그런데 자녀들을 많이 낳고 키우면서 아버지

이신 하나님의 마음을 조금씩 알아가는 것 같아요. 그게 가장 큰 은혜죠. 제 자녀가 아니라 하나님이 맡기신 자녀이니까 아이들이 잘 양육되도록 하시기 위해서 하나님이 저를 바꾸시더라고요. 제가 부족한 사람인지도 잘 모르고 살아왔는데 공동체 생활을 하고 자녀들을 낳고 키우면서 사람이 되어가는 것 같아요. 저는 결혼 전에는 원래 아이들을 별로 좋아하지 않았어요. 그런데 지금은 아이들과 함께 예배하고 함께 있는 시간이 너무 좋아요. 제가 이렇게 변한 건 하나님의 은혜죠. 아이들이 어떤 좋은 행동을 해서가 아니라 존재 자체가 너무 귀한 것 같아요. 이건 저의 감정이 아닌 것 같고 하나님의 마음인 것 같아요. 아이들을 보고 있으면 지금까지 살면서 경험해 보지 못한 감정이 일어나곤 해요. 가슴이 벅차기도 하고 뭔가 막 감동이 되기도 하고 눈물이 마구 쏟아질 것 같기도 하고… 존재 자체가 기쁨이구나…"

아이들을 생각하며 나무 님의 두 눈에 눈물이 고였다. 나무 님은 가슴이 벅차 더 이상 말을 잇지 못 했다. 아이들을 바라보는 나무 님의 마음에서 자녀들을 바라보시는 하나님 아버지의 사랑이 읽어져 코끝이 찡해졌다.

도움이 필요한 사람들을 집에 들여 함께 살아가며 다섯 아이들을 낳고 길러온 시간들을 어찌 다 헤아릴 수 있을까. 그 힘듦을 조금이나마 들어드리고 싶었다.

"아이들을 양육하는 동안 어떤 점이 가장 힘드셨어요?"

둥지 님이 먼저 말문을 열었다.

"공동체 안에서 다른 많은 영혼들을 돌보다 보니 저희 아이들에게 충분히 사랑을 주지 못하는 것 같아서 미안한 마음이 들었어요. 아이들이 많다 보니 문제가 생겼을 때 한 명 한 명 이야기를 다 들어주어야 하고, 바르게 자랄 수 있도록 이야기해주어야 하는 일이 쉽지 않더라고요. 제가 잘 감당하지 못하고 있고, 감당할 수 없을 것 같다는 생각이 들어서 너무 힘들다고 하나님께 기도했어요. 그런데 하나님이 저에게 '내가 키우는 자녀이기 때문에 괜찮다'라며 격려해주셨어요. 남편도 늘 그렇게 말해주었고요."

나무 님도 공감하며 말을 이어갔다.

"결혼 후 1년 동안만 처가댁에서 지내고 분가한 후부터는 노숙자들과 한집에서 살았어요. 그러다 보니 남편으로서, 아빠로서 제가 원하는 대로 해줄 수 없어서 미안한 마음이 많이 들었죠. 노숙자분들이 때로는 거친 말을 하고, 담배도 피우고, 저한테 대들기도 하는데 아이들이 그런 모습들 본다는 게 힘들더라고요. 공동체도 하나님이 맡겨주신 귀한 사명이니 감당해야 하는데 제가 소원했던 믿음의 가정의 모습이 있었기 때문에 내적 갈등이 많았어요. 그래서 일찍부터 아이들을 하나님께 맡길 수밖에 없었어요. 제가 할 수 있는 부분은 최선을 다하지만 그럴 수 없는 부분들이 너무 많다 보니까 하나님께 간절하게 매달렸던 것 같아요. 그러면서 어느 시점부터 하나님이 내게 주신 환경이 가장 최선이고 저에게 가장 선하다는 믿음을 주셨어요. 그렇게 고백하면서부터 좀 자유로워진 것 같아요.

돌이켜 보면 물론 적은 자녀에게 충분한 사랑을 주는 것도 값진 일이지만 저희는 아이들도 많고 이모, 삼촌들까지 있으니까 허락된 작은 것에도 감사할 줄 아는 마음이 생긴 것 같아요. 부모와 양적인 시간을 충분히 가지지 못 했지만 하나님이 적은 시간을 굉장히 질 높게 해주셨던 것 같아요. 아내와의 시간도 여유롭게 보내지는 못 했지만 잠깐의 시간이 너무 애틋해서 또 자녀들을 많이 낳게 되지 않았나 싶어요."

나무 님은 웃으면서 이야기를 마무리했지만 그간 겪었을 갈등과 씨름의 시간들이 읽어졌다. 그러나 나무 님의 고백처럼 하나님이 허락하신 환경 가운데서 최선을 다할 때 자녀들은 하나님께서 키워주실 거라는 확신이 들었다. 뿐만 아니라 하나님을 사랑해서 순종하는 부모님의 삶은 그 어떤 것보다도 귀한 가르침이 될 것이다. 실제로 아이들은 결혼하면 아이들을 많이 낳겠다고 하며 우리 가족들만 다 모여도 학교가 될 거라면서 좋아한다고 했다. 아이들만 아니라 나무 님이 사역하는 교회의 성도들에게도 선한 영향력이 흘러가서 성도들도 차츰 자녀를 많이 낳고 있다고 했다.

"요즘 하나님을 믿지 않는 젊은 사람들이 왜 결혼하기 싫어하고 자녀를 낳기 싫어하는지 공감이 돼요. 자기 시간, 에너지를 다 자녀를 위해 희생해야 하니 자기 부인이거든요. 자녀를 키우다 보면 우리 본성의 밑바닥까지 다 보게 되니 한계를 느끼게 돼요. 하나님께 매달릴 수밖에 없는 상황에 서게 해주죠. 이 과정이 너무 고통스러워서 회피하고 싶을 때도 있지만 하나님을 사랑하니까 주님을 닮고 싶고 더 알고 싶어서 치열하게 살 수밖에 없는 것 같아요. 아이들이 많지 않았다면 이렇게까지 치열하게 살지는 않았을 것 같아요. 주

생명이라는 선물

님이 아니면 아무것도 할 수 없는 사람이라는 것을 인정하게 돼요. 그 과정에서 하나님 아버지의 사랑을 발견하고 치유되고 성화되어가는 것 같아요. 이런 가치를 추구한다면 결혼과 자녀 양육은 우리에게 너무 필연적이고 중요한 일이라는 생각이 들어요. 신앙적인 측면으로 보면 모든 중요한 가치가 다 들어있는 거죠."

둥지 님도 같은 고백을 했다.

"저도 아이들을 낳고 키우기 전에는 어떤 일이든 제가 할 수 있다고 생각했고 잘할 수 있을 거라고 생각했어요. 그런데 사실 아이를 키우는 일은 제 힘으로 할 수 없다는 것을 깊이 깨달았어요. 자녀 양육을 통해 모든 영역에서 하나님을 의지할 수 있게 된 것이 저의 가장 큰 변화이고 성장인 것 같아요. 아니 성장이라기보다 영적으로 새사람으로 바뀌었다는 생각이 들어요. 아이들이 사랑이 없던 저를 사랑할 수 있는 자로 만들어준 것 같아요."

나무 님과 둥지 님을 가장 잘 아시는 하나님께서 두 사람이 만나 가정을 이루게 하셨다. 그곳에 하나님이 사랑하시는 영혼들과 자녀들을 맡기셨다. 그 안에서 치열한 삶 가운데 하나님의 사랑을 발견하게 하셨다. 하나님의 사랑으로 두 사람이 변화되고 많은 영혼들이 회복되게 하셨다. 하늘의 뜻이 땅에서도 이루어지고 있었다. 이곳이 바로 천국이 아닐까. 인터뷰를 마치고 나오며 할머니 품에 안긴 아이의 빛나는 눈망울 속에서 하나님의 마음을 보았다.

'네 생명이 천하보다 귀하단다. 내가 너로 인하며 기쁨을 이기지 못한단다.'

| 말 씀 이 삶 이 되 다 |

너의 하나님 여호와가 너의 가운데에 계시니 그는 구원을 베푸실 전능자이시라 그가 너로 말미암아 기쁨을 이기지 못하시며 너를 잠잠히 사랑하시며 너로 말미암아 즐거이 부르며 기뻐하시리라 하리라 (습 3:17)

Memo

아홉 번째 만남

아이들의 아버지, 나의 아버지

멀리 부산에서 여섯 남매를 양육하고 있는 가정을 소개받았다. 세 아이는 직접 출산을 했고 세 아이는 입양을 하셨다고 했다. 이미 세 아이나 낳았는데 세 아이를 더 입양한 사연이 궁금해졌다.

부산의 한 교회에 도착했을 때 나무 님이 예쁜 딸아이와 함께 맞이해주셨다. 토요일마다 교회에서 열리는 토요 학교에 참석하려고 몇몇 아이들이 교회 안에 있는 북카페에 와 있었다. 주일이 아닌 토요일에도 교회에 와 있는 아이들이 다음 세대의 소망이라는 생각에 내심 기뻤다.

나무 님과 둥지 님은 둘 다 교사였고 결혼 전에 부산에 있는 교회에서 만났다고 한다. 교회 안에서 2년 동안 친구로 지내다가 2

년 동안 교제한 후 결혼하게 되었다고 한다. 둥지 님은 자신이 삼남매로 자랐던 기억이 좋아서 결혼 전에는 자녀를 세 명 낳아야겠다고 생각했다고 한다.

"결혼 후 아기가 생기면 좋겠다고 생각했을 때 하나님이 첫아이를 크리스마스이브에 선물처럼 허락하셨어요. 아이를 연달아서 빨리 키우고 복직을 하고 싶어서 첫아이가 10개월쯤 되었을 때 둘째를 주시면 좋겠다고 생각했는데 곧바로 주셨고요. 그런데 첫째와는 달리 둘째 아이는 너무 예민해서 베이비시터가 두 손 두 발 다 들어 어쩔 수 없이 제가 휴직을 하고 첫째와 둘째를 돌봐야 했어요. 두 아이를 돌보는 일이 너무 힘들어 더 이상은 아이를 낳을 생각을 하지 않았어요. 그런데 제가 기도할 때 하나님께서 특별한 생명을 선물로 주시겠다는 감동을 주셨어요. 제 예상대로 그 음성은 자녀에 대한 것이었고 얼마 지나지 않아서 셋째 아이를 주셨어요. 둘째가 워낙 예민해서 힘들었던 터라 만약에 감동을 주시지 않았다면 셋째 아이를 기쁘게 받지 못 했을 것 같아요."

아들 셋 키우는 것도 쉽지 않았을 텐데 세 아이를 더 입양하게 된 상황이 더욱 궁금해졌다. 둥지 님은 세 아이를 입양하게 된 사

연을 이어나갔다.

　"아이들과 함께 이웃 교회에서 하는 아기 학교를 가게 되었는데 거기서 한 입양 가정을 알게 되었어요. 저희 아이들은 입양한 아이와 친구가 되었고 저도 자연스럽게 입양 가정을 경험했죠. 그러던 어느 날 문득 아이를 보는데 이런 마음이 들었어요. '내가 아이를 낳았지만 만약에 내가 키우지 않아서 정서적인 연결이 거의 없다면 그 아이는 나랑 무슨 상관이 있을까?' 하고요. '아이를 더 키우고 싶다면 이미 이 세상에 부모가 필요한 아이들이 많이 있는데 그 아이들을 놔두고 내가 꼭 낳아서 키워야 할까?' 생각하면서 기도하는데 하나님이 입양에 대한 마음을 주셔서 남편과 상의를 하고 입양을 결정했어요. 아들만 셋이어서 저희 남편은 딸을 입양하기 원했어요. 처음 소개해주는 딸을 입양하겠다고 하나님께 기도했는데 하나님이 쌍둥이를 만나게 해주셨어요. 큰아이는 아들이고 작은아이는 딸이었는데 백일 정도 되었을 때 우리 집에 오게 되었어요. 1년 6개월 동안 저와 남편 둘 다 휴직을 하고 아이들을 키웠어요. 후에 딸아이가 다섯 살이 되었을 때 '오빠들은 서로 친한 짝이 있으니 나도 여동생이 있으면 좋겠어'라고 하면서 동생을 너무나 간절히 원하더라고요. 그때 제 나이가 40세였는데 하나님께 제가 '인생의 거의 절반을 산 것 같은데 남은 인생은 어떻게 살면 좋을까요?' 여쭈면서 제가 제일 잘하고 기쁨을 느끼는 일이 뭘까 생각해 보니 아이들을 키우는 것이더라고요. 쌍둥이를 입양하고 휴직했을 때 하나님께서 저희가 입을 것과 먹을 것을 다 채워주셨던 경험을 했어요. 그래서 자녀가 다섯이나 있지만 한 명 더 키워도 하나님이 먹여주시겠지 하는 믿음이 있어서 딸을 한 명 더 입양하게 되었어요. 그렇게 해서 지금 육 남매가 되었죠."

둥지 님의 이야기를 들으면서 나무 님에게 '가정'은 어떤 의미일지 궁금해서 가정에 대한 의미를 묻자 나무 님이 이야기를 이어나갔다.

"가정이 처음 만들어질 때 부부는 혈통으로 연결되지 않고 사랑으로 맺어지잖아요. 하나님이 우리에게 자녀를 주실 때에도 꼭 출산을 통해서만 주실까 하는 생각이 들었어요. 제자들이 예수님께 어머니와 형제들이 왔다고 했을 때 '누가 내 형제이고 자매냐?'고 하면서 '하나님의 뜻대로 행하는 사람이 내 형제이고 자매다'라고 하셨잖아요. 그럼 예수님의 관점에서 가정은 출산한 자녀뿐만 아니라 입양한 자녀도 포

함된다는 생각이 들었어요. 그리스도인은 자녀를 하나님이 맡기신 아이들이라고 이야기하잖아요. 입양은 고아를 데려다 키우는 것이 아니라 하나님이 우리에게 자녀를 맡기시는 또 다른 방법이 아닐까 생각해요. 예수님은 생모인 마리아의 아들이었고 자신을 입양한 아버지 요셉의 입양아였어요. 그리고 하나님 아버지로부터 십자가상에서 버림받은 고아의 마음을 경험하셨죠. 저는 예수님이 세 가지를 모두 경험하신 것이 너무 놀라워요."

"여섯 명의 자녀들을 지금껏 키우시는 동안 어떤 점이 힘드셨나요?"

둥지 님은 체력과 재정에 대한 어려움을 이야기했다.

"우선은 저희 아이들이 터울이 적고 쌍둥이도 있어서 체력적으로 많이 힘들었어요. 저희가 입양하는 것을 부모님들이 반대하셔서 저희 둘이서 오롯이 아이들을 감당해야 했죠. 다음으로는 재정적인 부담이었어요. 쌍둥이가 왔을 때에는 둘 다 휴직을 하고 1년 6개월 동안 아이들을 돌봤기 때문에 재정적으로 어려웠어요. 그래서 제가 하나님께 '하나님, 이

제 우리 어떻게 해요?' 하고 말씀드렸는데 하나님께서 '내가
이 아이들의 아버지인 것을 경험하게 해주겠다'는 마음을 주
셨어요. 정말 그때부터 동반 휴직 기간 내내 한 번도 쌀이 떨
어진 적이 없었어요. 쌀이 떨어지면 곧바로 채워주시는 것을
여러 번 경험해서 쌀이 떨어지면 기다려 보게 되더라고요.
이런 것부터 시작해서 반찬도 채워주시고 끊임없이 우리의
먹을 것과 입을 것들을 채워주시는 걸 계속 경험했어요. 그
시간들을 통해서 '하나님이 정말 이 아이들의 아버지시구나.
아이들을 맡기시고 책임지시는 아버지구나. 또 나의 아버지
시구나' 하는 것을 깊이 경험했어요."

나무 님은 어려움도 많았지만 아이들을 통해 부모로서의 성장
을 경험한다고 했다.

"만약에 제가 아이를 한 명이나 두 명만 키웠다면 다른 사
람들한테 '이렇게 키우면 된다'라고 말하면서 교만했을 것
같아요. 그런데 여러 아이들을 키우다 보니 저의 부족한 모
습을 많이 보게 되고 아이들의 성향이 다를 수 있다는 것을
많이 느꼈어요. 하나님이 이 아이들을 어떻게 키우실지 기대
가 되다가도 부모의 부족한 모습이 보일 때 아이들이 잘 자

랄 수 있을까 걱정이 되기도 하고요. 그런 과정의 연속이죠. 그러다가 어느 순간에 보면 아이들이 많이 자라있는 것을 볼 때 하나님이 키우신다는 것을 느껴요. 진로를 인도하시는 것도 경험했어요. 첫째 아이가 운동선수가 되고 고등학생인 지금까지 지속하게 해주시는 특별한 과정들을 보면서 하나님이 이 아이의 삶을 이끌어 가신다는 것을 깨달았어요. 시간이 갈수록 부모가 아이들에게 해줄 수 있는 것은 제한적이고 하나님이 아이들에게 해줄 수 있는 것이 훨씬 크다는 믿음이 생겨요. 그래서 부모의 부족함에 너무 연연하지 않게 되는 것 같아요.

하나님의 인도를 받으려면 부모가 오히려 힘을 좀 빼야 해요. 그래야 하나님이 개입하실 수 있지요. 아이들이 많으면 관심이 분산되니까 아이들에게 손해가 될 것 같지만 그렇지 않아요. 부모의 손으로 아이를 다 잡을 수 없을 때 우리는 하나님의 손을 기대하게 되더라고요. 아내는 입양을 하면서 어려움을 겪는 입양 가정들을 돕기 위해서 상담공부를 하게 되었는데 오히려 첫째와 둘째 아이가 사춘기를 보낼 때 많은 도움이 되었어요. 저도 감정 코칭을 공부할 수 있는 기회가 되었고요. 하나님께서 인도해주시는 삶을 선택하면 힘든 순간도 있겠지만 결코 손해가 없어요.”

둥지 님도 힘들었던 순간들도 많이 있었지만 아이들이 자라가면서 보람된 순간들도 많다고 했다.

"저희 아이들이 특별히 공부를 잘하지는 않지만 다자녀 가정에서 길러진 공동체성이 있어서인지 밖에 나가면 좋은 평가를 받아요. 다른 사람을 배려할 줄도 알고 어른들을 도울 줄도 알고 다른 사람들의 필요를 볼 수 있는 눈이 있다고들 말씀하셔요. 집에서는 자주 다투기도 하지만 서로에게 힘이 되는 존재들인 것 같아 든든해 보일 때가 있어요. 또 하나님을 알지 못하는 가정에 입양되었으면 하나님 이야기를 못 듣고 자랄 텐데 믿는 가정에 와서 하나님에 대해 듣고 클 수 있는 것, 자라면서 차츰 자기 나름의 정체성을 찾아가는 모습을 지켜보는 것도 참 보람이 있죠. 또 많은 아이들을 겪으면서 아이들마다 성향이 다르기 때문에 저도 포용력이 커지는 것 같아요. 무엇보다도 하나님이 이 아이들의 아버지가 되어주시는 것을 보면서 하나님이 내 아버지라는 것을 삶으로 경험한 것이 저에게는 정말 가치 있는 일인 것 같아요."

여섯 아이들을 양육하는 과정 가운데 바람 잘 날이 없었을 것 같아 특별한 기억들이 있는지 궁금했다. 둥지 님이 기억을 떠올리며 웃음을 지었다.

"저희는 신기하게도 부부도 안 닮았고 저희가 낳은 아이들도 서로 안 닮았고 입양한 아이들도 모두 안 닮았어요. 한번은 첫째와 둘째가 길을 가는데 어떤 할머니가 둘이 너무 안 닮아서 '너희들 입양 형제냐?' 하고 물으셨대요. 둘은 사실 입양 형제가 아닌데 집에 입양한 형제들이 있으니 입양 형제인 것 같기는 해서 아이들이 어떻게 대답해야 할지 난감했다고 하더라고요. 또 한번은 아이들이 어렸을 때 아이들을 어린이집에 안 보내고 마당이 있는 주택에서 키웠는데 경찰관이 순찰하다가 아이들을 보고 다 안 닮았으니까 '여기 인가 받지 않은 어린이집이예요?' 하고 물어서 모두 우리 아이들이라고 하니 깜짝 놀라더라고요."

아이들로 인한 추억을 나누며 밝은 웃음을 지으셨지만 두 분의 마음 깊은 곳에는 하나님이 주신 '긍휼'의 마음이 있음을 알게 되었다.

"지금도 입양 기관에는 많은 아이들이 있어요. 그런데 누군가 입양을 하고 싶어도 조건이 너무 까다로워서 입양하기가 어려운 구조가 되어서 너무 안타까워요. 다자녀 가정에도 입양이 제한되어 있고, 경제적 수준도 어느 정도 되어야 하고요. 사실 아이들은 다자녀 가정에서 다른 아이들과 함께 하며 더 잘 클 수도 있고, 재정적으로도 보육원에서 한 아이 당 지원받는 금액보다 덜 들 수도 있는데 편견이 있는 것 같아요. 특히 장애가 있는 아이들은 도움이 많이 필요하기 때문에 좋은 환경으로 입양이 되어야 하는데 입양을 많이 꺼려 하기 때문에 조건이 좋지 않은 가정으로 입양이 되기도 해서 안타깝죠. 입양아를 위한 의료 지원도 한계가 있어서 특별한 치료가 필요한 상황에서는 재정적으로도 감당하기 어려우니 아쉽고요. 아이들을 입양해서 가정을 만들어주는 것이 너무나 중요하니 입양을 원하는 가정들이 입양을 할 수 있도록 좋은 길이 열렸으면 좋겠어요."

나무 님도 같은 마음을 갖고 계셨다.

"기관에서 자라서 성인이 된 분들은 공허감이 큰 분들이 많이 있어요. 겉으로 보기에는 아무렇지 않아도 내면이 텅 비어있는 경우죠. 재정적인 지원이 부족한 것보다 정서적인 지원이 더 필요해요. 아무도 자신을 지지해주지 않는다는 외로움이 얼마나 크겠어요. 열심히 살고 성공해도 그 성공을 함께 기뻐해줄 사람이 없기 때문에 자신이 성공해야 할 필요를 느끼지 못하겠다고 말하는 청년도 있었어요. 이런 정서적인 영역은 재정 지원만으로 되는 게 아니예요. 입양을 통해서 가정을 갖도록 해주는 게 가장 좋고, 그렇지 못한 상황이라면 교회공동체에서 어른들이 멘토가 되어 지지를 해줄 필요가 있다고 생각해요.”

입양의 현실에 대한 안타까움을 토로하는 두 분의 마음에서 이 땅의 고아 된 아이들을 향한 하나님의 마음이 느껴졌다. 가정이라는 울타리가 필요한 많은 아이들이 따뜻한 부모의 품에 안길 수 있도록 현실적인 입양 제도들이 마련되었으면 좋겠다는 마음이 간절해졌다.

하나님이 주신 마음에 순종하여 맡겨주신 자녀들을 잘 기르기 위해 어려운 벽을 뛰어 넘고, 두 분 다 휴직하기도 하고, 입양에 대한 공부도 하면서 마음과 힘을 다하는 나무 님과 둥지 님의 삶이 너무 귀하게 여겨졌다. 이 가정에 맡겨진 여섯 명의 아이들이 부모님의 사랑을 통해 우리의 아버지 되신 하나님의 사랑을 경험하게 될 것 같아 참 축복을 받은 아이들이라는 생각이 들었다.

두 분을 만나고 돌아오는 길이 ‘아버지’의 마음으로 따스해졌다.

| 말씀이 삶이 되다 |

말하던 사람에게 대답하여 이르시되 누가 내 어머니이며 내 동생들이냐 하시고
손을 내밀어 제자들을 가리켜 이르시되 나의 어머니와 나의 동생들을 보라 누구
든지 하늘에 계신 내 아버지의 뜻대로 하는 자가 내 형제요 자매요 어머니이니
라 하시더라 (마 12:48-50)

생명이라는 선물

Memo

열 번째 만남

우리는 한 팀!

　부산에서의 인터뷰를 앞두고 전날 저녁부터 막내가 고열이 나기 시작했다. 인터뷰를 위해 서산에서 포항으로, 포항에서 부산으로, 부산에서 제주로 가는 긴 여정이 다섯 살 아이에게는 무리가 되었던 것 같아 미안한 마음이 컸다. 아이의 회복을 간절히 기도하며 무거운 마음으로 제주행 비행기에 올랐다. 다섯째 아이이지만 여전히 아이의 아픔은 익숙해지지 않는다. 아직도 아이가 기침을 하면 나도 가슴 언저리가 아픈 것 같고, 아이가 열이 나면 밤새 물수건을 하며 함께 밤을 꼬박 새곤 한다. 그래서일까? 여섯 아이들을 키우면서 목회를 하고 펜션 두 곳을 운영하고 있다는 제주의 한 가정의 수고가 얼마나 클지를 가늠해 보게 되었다. 숙연해진 마음과 귀한 가정과의 만남에 대한 기대를 가지고 장마철

습기가 가득한 제주에 어둑해진 밤에서야 도착했다. 숙소에 도착하자 제주의 푸른 바다와 잘 어울리는 시원한 목소리의 둥지 님이 나와서 반갑게 맞이해주었다. 다행히 막내는 제주도에서의 첫날 밤에 열이 떨어져 오랜만에 깊은 잠에 빠져들었다.

월요일 아침, 둥지 님의 걸음이 바빠 보였다. 여섯 아이들 아침을 먹이고, 학교와 어린이집에 데려다 주고, 여섯째는 인터뷰를 위해 친정 부모님께 맡기느라 아침도 제대로 먹지 못 했다고 했다. 건장해 보이는 체구의 나무 님은 선교사가 되기 전에는 운동을 하셨다고 한다. 얼마 전 세 번째 무릎 수술을 받고 회복 중이라 휠체어를 의지하고 있었다. 어려운 상황에서도 만남을 위해 내어주신 시간이 참 귀하게 여겨졌다.

두 분의 만남에 대한 설레는 추억으로 대화가 시작되었다.

둥지 님은 교회 청년부에서 여느 해처럼 타지키스탄 선교를 준비하고 있었다. 같은 시기에 나무 님은 이웃 교회의 청년부 회장으로 섬기고 있었고 그곳에서 튀르키예 단기 선교를 준비하고 있었다. 그런데 둥지 님과 같이 타지키스탄 선교를 위해 기도하며 준비하던 나무 님의 형수님이 임신을 해서 선교에 참여할 수가 없게 되었다. 형수님은 나무 님에게 타지키스탄 선교에 대신

　　　　　　　　　　　　生命이라는 선물

합류하면 어떻겠냐고 제안을 했다. 나무 님은 여의치 않은 상황이었지만 하나님의 제안으로 받아들이고 순종했다고 한다. 이렇게 해서 둥지 님과 나무 님은 타지키스탄 단기 선교를 준비하며 처음 만나게 되었다. 단기 선교 후 돌아와서 함께 후속 모임을 가지며 교제를 시작하게 되었고 서로 말이 잘 통하고 선교에 대한 같은 마음이 있어서 결혼까지 이어지게 되었다고 한다

"자녀들을 여섯 명이나 두셨는데 처음부터 다자녀 출산에 대한 계획이 있으셨나요?"

둥지 님은 첫째 아이를 낳았을 때를 회고하며 기억을 더듬어 갔다.

"처음에는 '하나님이 허락하시는 대로 무한대로 낳자'는 마음이었어요. 제가 아프리카 선교를 가게 될 것 같아서 자녀들은 홈스쿨링을 하는 게 좋겠다는 생각을 했고 타지에서 형제들이 많으면 서로 의지가 될 것 같아서 네 명이나 다섯 명쯤은 낳으면 좋겠다는 생각은 했어요. 그런데 첫째 아이를 낳고 보니 쉽지 않은 일이더라고요. 주변에 아이들을 많이 낳고 키우는 분들이 그렇게 위대해 보일 수가 없었어요. 현

실적인 부분은 생각하지 못하고 그냥 제 생각으로 그렇게 계획을 했었던 거죠. 그런 상황 가운데 열어 놓고 기도하기 시작했던 것 같아요. 남편은 다리를 수술하는 과정을 여러 번 겪으면서 본인이 아무리 계획을 하고 의지가 있어도 할 수 없는 영역이 있다는 것을 많이 생각했던 것 같아요. 모든 생명이 그리고 이 모든 것이 하나님께 있다고 말하는데 저는 처음에는 사실 잘 이해가 안됐어요. 그런데 아이들을 하나둘 낳으면서 '진짜 그렇구나, 생명이 하나님께 있구나!'라는 것을 고백하게 되더라고요.

하나님을 믿지만 성장해 가면서 진짜로 하나님을 만나가는 것처럼 아이에 대한 생각도 그냥 막연하고 피상적으로 주시는 대로 낳겠다고 입술로 먼저 말해놓고 살아가면서 '아, 진짜 하나님이 주시는 거구나'라는 생각을 하게 된 것 같아요."

"나무 님은 어떠셨어요?"

"생명은 우리의 영역이 아니잖아요. 저는 신학교나 교회에서 낳고 싶어도 낳지 못하는 분들도 많이 봐 왔고 생명이 정말 하나님께 있다는 것을 고백할 수밖에 없는 상황들을 많이 경험했어요. 그래서 우리가 의지가 있다고 할 수 있는 것

생명이라는 선물

도 아니고 하나님이 허락하셔야 가능한 것이라는 것을 계속 고백하게 하시더라고요."

생명이 하나님께 있다는 것을 고백하고 순종했지만 여섯 아이를 뱃속에 열 달씩 품고 있었을 시간들과 산고의 수고 또한 짐작이 되어 둥지 님께 출산 과정에 대해 조심스레 여쭈었다. 둥지 님은 첫째 아이 출산을 앞두고 이틀 동안이나 진통을 겪어 병원에서 산모와 아이 둘 다 위험할 수 있으니 제왕절개 수술을 해야 할 것 같다고 했을 때 마침 아이가 태어났다고 한다. 출산 과정이 너무 힘이 들어서 얼굴과 눈동자의 모든 핏줄이 다 터져서 며느리를 보러 오셨던 시아버지가 병실 문을 열고 알아보지 못하고 죄송하다며 다시 나가실 뻔했다고 한다. 둥지 님이 '아버님!' 하고 불렀을 때에야 알아보셨지만 얼굴을 보고 너무 놀라셨다고 했다.

둘째 아이는 감사하게도 순산을 해서 이렇게 수월하면 열 명이라도 낳겠다고 웃으며 농담을 할 정도였지만 셋째 아이 때부터는 조산기가 있어 집에서 두 달 동안이나 누워 있어야 했기에 나무 님이 첫째와 둘째 아이를 돌보며 집안일까지 하느라 살이 4kg이나 빠졌다고 했다. 다행히 셋째는 건강하게 태어났지만 넷째 아이가 유산이 되어 상실감과 죄책감으로 마음도 몸도 힘든 시간들을 보냈다고 한다. 그러나 감사하게도 넷째를 다시 주셨고 다섯째도 작지만 건강하게 태어났다고 한다. 하지만 여섯째를 출산하는 과정에서 출산에 대한 고민이 깊어졌다고 한다.

"제가 마흔한 살쯤이었던 것 같아요. 여섯째도 예정일보다 빨리 태어났는데 산소 포화도가 떨어져서 청색증이 있었고 초음파 검사를 해보니 뇌에 어떤 흠집이 보이는데 그게 장애로 이어질 수 있다고 했어요. 그래서 거의 한 달 정도 인큐베이터에 있었고 신생아 때 계속 병원에 다녀야 했어요. 그때 사실은 제가 언제까지 아이를 낳아야 되나 하는 생각이 들더라고요. 아이들이 너무 예쁘고 좋기는 하지만 하나님이 우리한테 맡겨주신 일들도 있어서 고민이 되었어요. 하나님께 우리가 그 부분에 대해서 알게 해주시기를 기도했어요. 여섯째를 낳는 과정에서 여러 어려움을 겪으면서 사실은 많이 힘들어서 '진짜 나 이러다 죽을 수도 있겠구나' 싶은 생각이 들었어요. 지금껏 그랬던 것처럼 출산할 때에는 늘 힘들지만 또 잊어버리겠지 하고 생각했는데 아이가 아프니까 '이제 우리가 감당할 수 있는 건 여기까지구나' 하는 생각이 들었어요.
저희는 사실 둘 다 아이들을 너무 좋아해요. 제가 입덧이 너무 심해서 피를 토하기도 하고 아무것도 못 할 정도로 아주 심

생명이라는 선물

한데 그럴 때는 '내가 미쳤지… 이렇게 힘든데 또…'라고 생각을 하지만 그럼에도 불구하고 한 생명이 가족에 더해진다는 게 너무 큰 기쁨이거든요. 그런데 지금 상황에서 저희의 기쁨을 위해서 더 낳는 건 욕심일 수 있겠다는 생각이 들어요. 육체가 가지는 한계도 있는 것 같고요. 그래서 지금은 자연스럽게 하나님이 이제는 우리가 집중해야 될 일들과 맡겨주신 아이들 안에서 최선을 다하도록 하시는구나 하는 생각이 들어요."

나무 님이 둥지 님의 말을 이어받았다.

"아내한테는 너무 미안하고 안쓰럽고 고맙죠. 여섯째가 어려운 과정을 겪고 퇴원하고 3개월 후에 다시 검사를 받으러 오라고 해서 아내와 함께 갔었어요. 너무나 감사하게도 검사 결과는 아무 이상이 없었고 오히려 의사 선생님이 아이가 건강하게 잘 크고 있는 것 같다고 하셔서 너무 기쁘고 감사했죠. 집으로 돌아오는 길에 차 안에서 저는 운전하고 있었고 아내는 뒷좌석에서 아기를 안고 있었는데 펑펑 울더라고요.

그동안 아내가 힘들었다는 것을 알고 있었고 미안한 마음도 있었지만 여러 가지 바쁜 일정들 때문에 이렇게까지 힘들어하고 있었는지는 미처 헤아리지 못 했죠. 아이가 건강하다고 하니까 아내는 이제야 마음이 좀 놓이면서 펑펑 울면서 한숨 돌린 거죠. 그 기억이 크다 보니까 다음 아이에 대한 생각보다는 먼저 아내가 회복이 되어야 한다는 생각이 들었어요. 지금은 앞으로의 어떤 것을 생각하고 계획하기보다는 현재 주어진 상황에 감사함이 더 큰 것 같아요."

둥지 님의 깊은 눈물 속에 담겨 있었을 자녀를 위한 사랑의 수고들이 고스란히 전해져 나무 님도 나도 어느새 함께 눈물을 삼키고 있었다.

"임신과 출산 과정에서도 힘든 시간들을 겪어오셨는데 양육하는 과정은 어떠신가요?"

짐작했던 대로 둥지 님은 감당해야 할 일들이 많았다고 한다.

"다 어려워요. 우선은 일이 너무 많아요. 우리 가족만 먹고 사는 것도 날마다 잔치를 치르는 것 같죠. 간단하게 먹어도 가족이 많으니까 설거지도 많고 빨래도 매일 매일 많고요. 더군다나 숙박 일은 우리의 계획은 아니었지만 하나님께서 열어 주서서 순종하며 하고 있는데 가끔 힘이 부칠 때는 불평하기도 해요. 우리 가족들을 돌보는 일만으로도 많은데 하나님이 왜 나한테 이런 일들까지 맡기셨을까 이해가 안 될 때도 있었어요. 그런데 아이들이 커가면서 도와주는 일손들이 많아졌어요. 벌써 첫째, 둘째와 셋째는 정말 많은 도움이 돼요. 물론 육체적, 정신적인 저의 한계 때문에 아이들에게 미안한 점이 많기는 하지만 동시에 이 아이들을 통해서 하나님이 계속 저의 모습을 보게 하시고 회개하게 하시고 성장하게 하시는 것 같아요. 힘든 거 엄청 많지만 그걸 덮을 만큼 아이들로 인해 기쁘고 행복한 것도 우리가 다 알고 있잖아요. 정말 이 한 생명이 하나의 기쁨만 갖고 오는 게 아니라 진짜 온전한 기쁨을 갖고 오는데 그 아이들이 가득하니까 너무 감사해요."

나무 님도 아이들에 대한 미안함과 고마움을 느낀다고 했다.

"사람들이 아이들 키우는 게 힘들지 않느냐고 많이들 물어봐요. 그러면 힘들다고 이야기하죠. 그래도 감사하고 행복한 일이 많아요. 제일 힘든 부분은 미안함이지 않을까요? 저는 가능하면 한 아이 한 아이 다 눈 마주치고 이야기를 듣고 그 마음을 알아주려고 나름 노력을 하고 있어요. 여섯 명이라 아이들 이름을 부를 때 헷갈리지 않느냐고 물어보는데 저는 형이랑 둘만 있었는데도 헷갈려 하시는 부모님을 보면서 나는 그러지 말아야지 생각을 해서 사실은 진짜 정신 차리고 불러요. 왜냐하면 그 아이는 자기 이름이 있는데 다른 이름으로 부르면 서운할 수 있거든요.

또 아이들 생일날은 다 같이 축하를 해주지만 생일 전후로 하루를 온전히 아빠나 엄마와 같이 일대일로 데이트하며 보낼 수 있게도 해줘요. 한 아이 한 아이에게 온전히 쏟을 사랑을 하나님께서 여섯 번이나 주셨는데 그저 우리의 부족함으로 그 온전한 사랑을 다 부어주지 못하는 것이 미안하죠. 그런 부분이 아쉬움으로 남지만 그럼에도 아이들이 같이 가정을 만들어가는 과정에서 기다려주는 게 느껴져서 고맙죠."

하나님의 온전한 사랑을 채워주고 싶어 애쓰는 두 분의 수고에서 우리를 자녀 삼으신 하나님의 열심이 전해져 왔다. 부모는 자녀에게 주고 또 주어도 여전히 부족하다는 생각으로 미안하지만 나무 님과 둥지 님의 진심어린 사랑이 여섯 아이들 안에 이미 고스란히 쌓이고 있을 것 같았다.

"두 분에게 가정은 어떤 의미인가요?"

생명이라는 선물

나무 님은 망설임 없이 가정은 '선물'이라고 대답했다.

"제가 가정을 통해 이 땅에 태어나서 살아가는 것도 선물처럼 너무 감사한 일인데 제가 아내를 만나고 또 아이들을 허락해 주셔서 가정을 이루어갈 수 있다는 그 사실 자체가 아주 큰 선물인 것 같아요. 그래서 아이들에게 자주 '우리는 한 팀이야' 하고 이야기해줘요. 물론 서로 티격태격할 때도 있고 서로 서운해할 때도 있지요. 그럼에도 서로 지지해주고 응원해줄 수 있는 동역자 같은 가족들이 있어서 함께 걸어갈 수 있는 것 같아요. 자녀들은 하나님이 저희에게 맡겨주신 아이들이라는 생각을 하면 하나님이 저희 부부와 아이들을 통해 각자의 역할을 감당하게 하실 것이 기대도 되고 참 감사한 것 같아요."

둥지 님은 가정을 두 가지 측면에서 정의하고 싶다고 했다.

"가정은 하나님 나라의 공동체에 속하는 일원으로서 훈련되는 '훈련의 장'이라고 생각해요. 아이들뿐만 아니라 부모에게도 해당되는 것 같아요. 예전에 저희가 일본에서 선교할 때 어떤 성도님이 저한테 어떻게 이렇게 아이를 많이 낳았냐고 물어보신 적이 있어요. 그 질문에 '제가 부족해서 하나님이 많이 주신 것 같다. 한 아이를 키우는 데에는 정말 많은 인내와 사랑과 여러 가지 하나님의 성품이 필요한데 그게 저한테 너무 부족해서 이렇게 많은 아이들을 통해 저를 하나님의 성품으로 만들어 가시는 것 같다'고 대답했어요. 그렇게 대답하면서 가정이 진짜 훈련의 장이라는 것을 깨달았어요.

두 번째는 가정은 저에게는 '안전한 공동체'예요. 제가 진짜 숨고 싶은 어떤 일을 당했을 때 제일 생각나는 곳이예요. 힘들어도 가정 안에서 회복이 일어나고, 상처가 되지 않고 넘어갈 수 있는 사랑을 충분히 경험할 수 있는 곳인 것 같아요. 감사하게도 제가 우리 가정에서 그런 안전함을 느끼고 누린 거죠. 아이들에게도 그런 가정이었으면 좋겠고 아이들도 자라서 그런 가정을 만들어갔으면 좋겠다는 생각이 들어요."

한 가정을 이루기까지 말로 다 할 수 없는 힘든 시간들도 있었지만 자녀들을 통해 그것을 충분히 덮을 수 있는 큰 기쁨을 누리고 있는 가정, 서로 다른 모습으로 부딪히며 깎여가기도 하지만 사랑이라는 이름으로 안전한 울타리가 되어주는 가정, 서로 위로하고 격려하며 한 팀이 되어 든든히 서 가는 선물 같은 가정이 제주도 땅에 가득해졌으면 좋겠다는 소망을 품으며 인터뷰를 마쳤다.

공항으로 돌아가는 길은 호우주의보와 함께 짙은 안개로 시야가 뿌옇다. 공항에 도착해 하늘을 올려다 보니 안개가 가득해 한 치 앞도 보이지 않았다. 공항에는 육지를 오가는 비행기들의 잇따른 결항으로 여름 휴가철 관광객들의 발이 묶였다. 우리 가족이 타기로 되어 있던 부산행 비행기도 결항이 되었다. 여러 방법을 찾다가 다행히 늦은 대구행 비행기가 있어 먼 길을 돌아서 오긴 했지만 무사히 긴 여정을 마치고 집으로 돌아왔다. 긴 여정 동안 막내가 열이 내리고 건강이 회복되어 무엇보다도 감사했다. 때때로 안개 속을 걷는 것같이 한 치 앞도 볼 수 없는 세상 속에서 힘들고 어려울 때마다 함께 위로하고 격려하며 소망을 품고 주님이 오시는 날까지 걸어갈 수 있도록 허락하신 선물 같은 가정. 제주까지 오가는 여정이 길었던 것만큼이나 귀한 가정을 만나게 하신 하나님에 대한 감사가 오랜 시간 긴 여운으로 남았다.

| 말씀이 삶이 되다 |

네 집 안방에 있는 네 아내는 결실한 포도나무 같으며 네 식탁에 둘러앉은 자식들은 어린 감람나무 같으리로다 (시 128:3)

열한 번째 만남

새롭게 하시는 사랑

"둥지 님이 다섯째 아이를 임신 중이예요."

지인으로부터 전라북도 전주에 거주하고 있다는 한 가정을 소개받았다. 다섯째 아이의 출산이 얼마 남지 않았다고 했다. 저출산 시대여서일까? '임신 중'이라는 말이 소망과 기쁨을 가져다주었다. 출산 전에 꼭 만나보고 싶어서 서둘러 약속을 잡았다.

빌라 앞에 주차를 하자마자 초등학교 저학년쯤으로 보이는 남자 아이 둘이서 다가왔다.

"저희 부모님 만나러 가세요? 저희 집 알려드릴게요."

처음 보는 사람인데도 아이들은 스스럼없이 대화를 하며 안내 해주었다. 아이들의 안내로 도착한 집 안에는 나무 님과 만삭의 둥지 님, 태중의 아기, 낮잠이 든 넷째가 있었다. 초등학교 고학 년인 큰딸은 혼자서 근처 도서관에 갔고 주차장에서 만난 두 형 제는 둘째와 셋째라고 했다. 집 안에 가득 찬 어린아이들이 든든 한 보물 같았다.

둥지 님이 모교회의 서점에서 간사로 일하고 있었을 때 같은 교회 전도사님의 소개로 나무 님을 만났다고 한다. 굵고 낮은 목 소리의 나무 님은 호탕한 웃음을 터뜨리며 첫 만남의 추억을 떠 올렸다.

"지인의 소개로 처음 만났는데 아내가 저를 마음에 들어 하지 않아서 만남이 이어지지 않을 뻔했죠. 아내를 만나기 전에 지인들의 소개로 만남을 많이 가졌는데 번번이 실패해 서 좀 지쳐 있었어요. 또 그 당시에 전도사였는데 사역적으 로도 너무 힘든 시기여서 밝은 모습이 아니었던 것 같아요. 첫 만남을 식당에서 가졌는데 제가 계속 먹기만 했다고 하더 라고요. 그런데 저를 잘 알고 있던 지인들의 도움으로 다시 기회가 주어졌죠."

생명이라는 선물

둥지 님도 웃으며 첫 만남에 대한 기억을 되짚었다.

"첫 만남 장소가 저희 나이에 갈 만한 식사 장소가 아닌데다가 해물 칼국수의 바지락을 너무 열심히 먹는 거예요. 그렇게 식사를 하고 나서 일반적으로는 차를 마시러 갈 것 같은데 아이스크림 가게로 가는 거예요. 그래서 아이스크림만 먹고 곧바로 헤어졌죠. 그날은 솔직히 계속 만나고 싶은 마음이 없었어요. 당시에 저도 나이가 좀 있어서 지인들한테 소개팅을 했다는 이야기도 잘 못했어요. 그런데 어느 날 우연히 지인이랑 채팅을 하다가 소개팅을 했던 이야기를 했어요. 누구냐고 계속 물어서 남편 이름을 알려줬더니 자기랑 친한 오빠라는 거예요. 너무 괜찮은 사람이라며 칭찬을 너무 많이 하더라고요. 또 다른 동생도 그 오빠를 자기가 알고 있는데 너무 좋은 사람이라고 얘기하면서 몇 년 전에 저희 둘을 소개시켜 주려고 했었다는 거예요. 그게 결정적인 계기가 되어서 다시 만남을 이어가게 됐죠."

나무 님과 둥지 님의 이야기를 들으며 하나님께서 두 분이 만나 가정을 이루게 하고 싶으셔서 지인들을 통해 열심을 내신 것 같다는 생각이 들었다. 하나님이 이 가정에 자녀들을 많이 맡기신 특별한 이유도 있을 것 같아서 기대가 되었다. 나무 님이 하나님이 다섯 자녀를 허락하신 과정을 나누어주셨다.

"저희가 셋째까지는 자녀 계획을 해서 낳았어요. 그런데 넷째와 다섯째는 하나님의 강권적인 섭리였던 것 같아요. 저는 사람과의 관계에서 어려움이 오면 좀 많이 힘들어지더라고요. 그래서 사역지를 몇 번 옮겼는데 하나님이 계속 기다려주셨던 것 같아요. 그러다가 저에게 훈련이 필요한 때라고 생각하셨는지 또 사역지를 옮기려고 할 때 넷째가 임신이 되어서 몇 년 더 머물게 되었어요. 거기서도 또 어려움이 있어서 전주로 내려오게 되었는데 뜻하지 않게 다섯째가 생긴 거예요. 아내가 42세라 적은 나이는 아니어서 임신 사실을 알고 많이 힘들어했어요. 사실은 저희의 계획이 아니어서 하나님이 이 아이를 주신 이유가 뭘까 하고 계속 기도하며 답을 찾아가고 있는 중이예요. 막연하게는 하나님께서 이 아이들을 잘 키워서 세상으로 파송하라는 뜻이 아닐까 하는 생각이 들어요. 저희 아이들 이름에 다 '세'자가 들어가는데 세상의 빛이 되고. 말씀을 전하고 준행하고, 은혜를 전하고 담대하게 나아가라는 뜻에서 지었어요. 아무래도 제가 목회를 힘들어하니까 자녀들을 잘 키우라고 많이 맡기시는 게 아닐까 하

생명이라는 선물

고 제 나름대로 생각해 봤어요."

이야기를 나누고 있는 사이에 낮잠을 자고 있던 넷째가 방에서 나와 아빠 품에 안겼다. 잠에서 막 깨어난 모습이 너무 예뻤다. 이렇게 예쁜 아이를 만드시고 이 귀한 가정에 맡기고 싶으셨을 하나님의 마음이 느껴지는 것 같았다.

"하나님은 선한 뜻이 있으셔서 맡기셨지만 주변의 반응은 어땠나요?"

임신과 출산, 양육의 고된 과정을 여러 번 반복하는 딸을 바라보는 친정 부모님의 마음은 쉽지 않을 것 같아서 둥지 님께 먼저 여쭈었다.

"저희 부모님도 신앙이 있으시지만 딸이 힘들까 봐 걱정을 많이 하시죠. 다섯째를 임신했을 때는 사실 저희 아버지가 저희한테 직접 말씀하지는 않으셨지만 엄마한테 아기를 지우라고 말씀하셨대요. 넷째를 가졌을 때도 어려워하셨는데 낳고 나서는 너무나 예뻐하셨어요. 막상 낳으면 양가 부모님 모두 너무 예뻐하시는데 저의 건강이나 넉넉지 않은 상황에 있으니까 임신 사실을 알리기까지가 너무 힘들었던 것 같아요."

나무 님도 주변의 다양한 반응들을 겪었다고 한다.

"주변에서는 자녀를 키우는 데 돈이 많이 든다는 생각 때문에 걱정을 많이 하시죠. 특히 양가 부모님은 자녀를 키우는 일이 돈도 들지만 또 부모가 희생해야 하는 것들이 많기 때문에 염려가 많으셔요. 제가 건강도 좋지 않고 일도 하지 못하고 있어서 당연히 걱정이 되시겠죠.

아이들이 많으면 물론 힘듦은 있지만 그건 다 잊어버리게 되고 한 번에 주는 기쁨이 너무 커요. 저희들한테 생명을 가진 아이들이 그 모습, 그 마음으로 있는 것 자체가 너무 귀하죠. 믿음이 없는 분들 중에는 더러 요즘 젊은 사람들은 애를 안 낳으려고 하는데 왜 이렇게 많이 낳았냐고 묻기도 하세요. 그럼 그냥 막지 않았다고 말씀드려요. 세상적인 기준으로는 한 아이 키우는 데 몇 억이 든다는 생각을 하지만 저는 다른 욕심 안 부리고 아이들의 몸과 마음이 건강할 수 있게 키우면 되는 것 같다고 생각해요. 더러는 애국자라며 나라에서 상 줘야 된다고 격려해주시기도 해요. 아이들 교육에 대

생명이라는 선물

한 철학을 말씀드리면 기특해하시기도 하고요."

주변의 반응이 힘들기도 하지만 실제로 양육하는 과정에서는
어떤 부분이 힘든지 물었다.

둥지 님은 다자녀를 양육하다 보니 아이들 간의 잦은 갈등을
중재하고 아이들 마음이 상하지 않도록 공평하게 느끼게 해주는
일이 어렵다고 했다. 특히 육체적 피로로 쉬고 싶을 때에도 맘껏
쉴 수 없는 상황들이 계속 쌓이다 보면 체력적인 한계가 느껴져
힘들다고 했다.

나무 님도 계속되는 육아의 일상으로 육체적, 정신적 피로가
쌓일 때 아이들에게 친절한 반응을 해주지 못해서 미안함과 힘듦
이 있다고 했다. 그러나 그런 과정을 겪는 가운데 하나님은 나무
님을 성장시키셨다고 고백했다.

"저는 어렸을 때부터 저의 부정적인 감정들을 억누르며
살아왔어요. 예전에는 그게 옳다고 생각했고 주변 사람들도
그런 저를 보고 화도 내지 않는 참 좋은 사람이라고 했죠. 그
런데 아이들을 키우다 보니 제 안의 쓴 뿌리들이 오히려 아

이들에게 독이 되는 것 같더라고요. 저를 직시해 보니 제가 정말 별 볼일 없는 사람인 것 같았어요. 좀 더 건강하고 젊을 때 내가 좀 더 노력하고 희생을 해서 이 아이들을 건강하게 키워야겠다는 생각들을 참 많이 했던 것 같아요. 그래서 제 감정들을 억누르지 않고 지혜롭게 표현하려고 치열하게 저 자신과 싸워왔어요. 물론 지금도 아홉 번 잘했다가도 또 넘 어지면서 성장하는 과정에 있긴 하지만 이만큼 저를 성장하 게 해준 원동력은 저희 아이들이었어요."

나무 님의 치열한 노력은 결코 헛되지 않았다. 주변에서 아이 들이 참 밝고 성품이 좋다며 잘 키웠다고 칭찬을 해주시기도 한 다고 했다.

둥지 님도 아이들을 양육하며 성장한 자신의 이야기를 들려주 었다.

"저는 결혼 전에는 공감 능력이 정말 많이 부족한 사람이 었어요. 게다가 부정적인 생각도 많이 하고 성격도 까칠한 부분들이 많았어요. 그런데 남편이 저를 정말 많이 수용해주 면서 회복이 되기 시작했고 아이들에게 어떻게 공감해주어

생명이라는 선물

야 하는지도 많이 가르쳐주더라고요. 아이들이 많고 서로 다르다 보니 계속 그런 부분을 고민하고 노력하게 되었던 것 같아요. 결혼 전에 저를 알고 있던 지인들이 제가 결혼하고 아이들을 낳고 키우면서 정말 많이 변했다고 얘기해주더라고요. 아이들을 양육하면서 저에게 또 어려운 부분이 '인내'인데 앞으로는 인내의 영역에 성장이 있었으면 좋겠어요."

하나님은 아이들에게도 관심이 있으시지만 아이들을 통해 부모를 성장케 하시는 선한 뜻이 있으신 것 같다. 하나님의 뜻에 순종하며 자녀들을 위해 치열하게 노력하는 부모를 둔 다섯 아이들이 참 축복받은 아이들이라는 생각이 들었다. 하나님께서 가정을 잘 꾸리고 싶어 하는 나무 님의 소원함을 아시고 가정에서 아이들과 함께할 수 있는 지혜도 주신 것 같았다.

"저희는 아이들이 많은데 차가 크지 않고, 또 외출을 하기도 쉽지 않아서 집에서 함께할 수 있는 활동들을 많이 고민했어요. 예를 들면 가족 운동회 같은 거예요. 아이들이 많으니 집에서도 가능하더라고요. 닭싸움이나 과자 따 먹기같이 간단한 것도 하고, 음식을 함께 만들어 먹기도 하고, 보물 지도를 만들고 보물을 숨겨 지도를 보며 찾기도 했어요. 보물 찾기 선물로는 데이트 쿠폰, 외식 상품권, 아이스크림 교환권, 잔소리 금지 쿠폰과 같은 선물을 줬죠. 밤에는 다 같이 만화영화를 보면서 마무리를 하면 아이들이 '완전히 행복한 하루'를 보냈다며 좋아하더라고요. 아이들 생일 때에도 선물을 많이 사 주기보다는 함께하는 추억을 만들어줘요. 생일인 아이가 하고 싶은 것을 같이해준다든가 먹고 싶은 것을 함께 먹기도 하죠. 아이들이 많아서 큰아이들이 아빠 엄마와 함께 시간을 따로 보내기가 어려우니 '엄빠 데이'를 정해서 동생들이 잘 때 아빠 엄마랑 셋이서 함께 야식을 먹거나 영화를 보면서 시간을 갖기도 해요. 두세 시간 밖에 되지 않는데도 첫째와 둘째는 그 시간을 너무 만족해하더라고요."

맡겨진 아이들을 최선을 다해 양육하고 있는 두 분의 삶을 하나님께서 참 기뻐하실 것 같다는 생각이 들었다. 다섯째 아이를 허락하신 하나님의 뜻이 무엇인지 알아가기를 기도하고 계신다는 나무 님과 둥지 님이었지만 두 분의 이야기를 들으며 이런 가정이라면 열 명이라도 맡기고 싶으실 것 같다는 말씀을 드리며 함께 한바탕 웃었다.

가정을 소중히 여기고 자녀 양육에 최선을 다하는 두 분에게 가정은 어떤 곳일까 궁금했다.

"두 분에게 가정은 어떤 의미인가요?"

가정을 잘 꾸려가고 싶은 마음이 누구보다도 많다는 나무 님이 먼저 입을 열었다.

"가정은 사랑이 많고 따뜻하고 편안한 곳이어야 한다고 생각해요. 왜냐하면 제가 20대일 때 저희 부모님이 이혼을 하셨는데 이혼하기까지 겪은 시간들이 저에게는 너무 힘들었어요.

아버지가 어머니를 구타하고 가족들을 너무 힘들게 해서 동생은 가출을 하기도 했어요. 하루가 멀다 하고 싸우셔서 싸움이 일어날 만한 일이 생길 것 같으면 불안하니까 제 마음을 닫아버렸죠. 저에게는 가정에 대한 좋은 추억이 하나도 없어요. 그래서 가정을 편안하고 따뜻한 곳으로 만들고 싶은 깊은 갈망이 있었던 것 같아요. 어떻게 하면 집을 좀 더 아늑한 분위기로 꾸밀까도 고민하고, 아내와 아이들에게 좋은 분위기를 만들어주려고 많이 노력해요. 무엇보다도 부모가 먼저 서로 사랑하고 행복해야 자녀들도 마음이 건강하지 않을까 생각해요. 아이들에게도 부부가 서로 이해하고 보듬어줄 수 있는 가정이 이상적인 가정이라고 이야기해주고 싶어요."

둥지 님은 나무 님의 이런 마음이 늘 고맙다고 했다.

"남편은 정말 가정을 중요하게 생각해요. 사역도 중요하지만 가정을 우선순위에 두고 도움이 필요할 때 기꺼이 도와줘요. 가정에서 아이들의 몸과 마음이 건강하게 잘 자라도록 도와서 세상에 내보내야 한다는 생각으로 정말 최선을 다하는 것 같아서 고맙죠.

저는 어렸을 때 부모님이 맞벌이를 하셔서 외로움을 참 많이 느꼈어요. 가정에서 사랑과 용납을 충분히 받지 못한 것이 나중에 사회에서의 인간관계에도 영향을 주더라고요. 그래서 저도 더 이상 외롭지 않았으면 좋겠고, 우리 아이들도 외롭지 않게 해주고 싶었는데 아이들을 많이 낳다 보니 밖에서 일을 할 수가 없고, 남편이 사역하는 곳마다 제가 일을 할 수 없는 분위기여서 늘 아이들과 함께 지낼 수 있었어요. 저도 아이들이랑 늘 아침과 저녁밥도 같이 먹고, 집 안이 북적북적하니 외로울 틈이 없고 아이들도 엄마가 늘 집에서 기다려 주고 함께해주니 정서적으로 안정감이 있는 것 같아

생명이라는 선물

요. 하나님이 제 소원함을 아시고 그렇게 인도해주신 것 같
다는 생각이 드네요.”

나무 님과 둥지 님이 자란 가정에서 겪은 아픔을 다 아시는 하
나님, 가정에 대한 마음의 깊은 소원을 아시는 하나님께서 두 사
람이 만나 가정을 이루도록 이끄셨다. 서로의 아픔과 연약함을
이해하고 보듬어가게 하셨다. 하나님의 귀한 생명들을 맡기시고
회복과 성장의 장소로 만들어 가신다. 따뜻하고 편안한 가정에서
사랑을 주고받으며 자란 아이들이 세계 각처에 하나님의 사랑을
전하는 귀한 일꾼들이 되게 하신다. 하나님이 그려가실 멋진 그
림을 그려보며 소망에 찬 걸음으로 돌아오는 차에 올랐다.

| 말씀이 삶이 되다 |

보라 자식들은 여호와의 기업이요 태의 열매는 그의 상급이로다 젊은 자의 자
식은 장사의 수중의 화살 같으니 이것이 그의 화살통에 가득한 자는 복되도다
그들이 성문에서 그들의 원수와 담판할 때에 수치를 당하지 아니하리로다 (시
127:3-5)

한 알의 밀알

"아! 너무 귀하네요. 저도 자녀 출산에 대한 생각을 다른 분들과 나누고 싶은 마음이 오래전부터 있었는데 같은 마음을 가진 분들이 있으니 너무 반가워요! 기도하며 기다릴게요."

인터뷰 전 대전에 거주하는 둥지 님과 전화 통화를 했다. 수화기 너머에서 둥지 님의 외로움과 반가움이 전해져 왔다. 둥지 님의 오 남매 자녀들 중 첫째가 우리 집 첫째보다 10살이나 많아 선배를 만난 것 같은 든든함으로 나 또한 만남이 기대가 되었다.

둥지 님은 아침 일찍 출발했을 우리 부부를 위해 아침 식사를 준비해 놓고 계셨다. 인터뷰 질문에 관한 답변도 미리 노트에 빼

곡하게 손글씨로 적어두셨다. 만남을 위해 기도하며 기다리신 흔적들이 여러 곳에서 느껴졌다. 친정 언니네 집에 간 것처럼 마음이 편안했다. 오 남매 양육에 관한 무슨 이야기라도 들어드리고 싶고 나도 마음을 나누고 싶었다.

나무 님과 둥지 님의 만남은 유쾌한 해프닝으로 시작되었다. 기다렸다는 듯이 둥지 님이 먼저 오랜 추억의 한 페이지를 펼쳐 주셨다.

"저희 친정아버지가 장로님이신데 큰딸인 제가 믿음의 배우자를 만나게 해달라고 3년 동안 기도를 하셨대요. 기도 응답이었는지 이웃 교회 권사님이 중매를 서 주셨어요. 약속 장소에 나갔는데 그곳에 제 초등학교 친구인 남자 동창 한 명도 와 있더라고요. 그날이 휴일이니 저 친구도 선을 보러 나왔나 보다 하고 서로 눈에 띄지 않으려고 멀찍이 떨어져 앉았어요. 그런데 잠시 후에 주선한 권사님들이 오시더니 저희한테 왜 따로 앉아 있냐고 하시는 거예요. 저희 둘 다 너무 깜짝 놀랐죠. 며칠 전에도 동창회에서 만났던 친구인데 저희 둘을 소개시켜 주실 거라고는 꿈에도 몰랐죠. 서로 아는 사이이기도 하고 몇 번 만나다가 결혼하기로 결정을 했어요. 6월 6일 현충일에 선을 보고 40일 만에 결혼을 했어요."

"정말 재밌는 만남이네요. 결혼 후 가족계획을 세우셨나요?"

아이 같은 순수한 눈망울을 가진 나무 님이 말문을 열었다.

"저는 육 남매가 있는 가정에서 자랐어요. 형제가 많으니 서로 의지가 되고 좋더라고요. 그래서 자녀가 많으면 좋겠다 생각했는데 아내가 몸이 좀 약했어요. 그래서 한 명이라도 낳을 수 있겠나 싶었는데 이렇게 다섯이나 낳아서 너무 감사하죠. 저희가 결혼했을 당시에는 정부의 산아제한 정책이 심했어요. 예비군 훈련을 받으러 가면 무료로 정관수술을 해주기도 했죠. 그런 정책이 출발이 되어서 지금의 인구절벽 시대를 만든 것 같아요. 자녀는 하나님이 주시는 축복(祝福)인데 축구하듯이 자녀의 복을 차 버리는 축복(蹴福)이 되는 것 같아 안타까워요."

자녀 출산과 양육에 대한 둥지 님의 생각은 나무 님과 달랐지만 하나님은 둥지 님의 마음을 만지시고 상황을 열어 주셨다. 두 분이 결혼했을 당시에는 "아들딸 구별 말고 둘만 낳아 잘 기르자"라는 캠페인이 펼쳐졌고 심지어 "'잘 키운 딸 하나 열 아들 안 부럽다"라는 표어도 유행이었다. 둥지 님도 시대의 흐름에 따라 딸만 하나 낳아서 잘 키우고 싶다는 생각을 했다. 더군다나 나무 님이 대학원 졸업이 한 학기만 남아서 졸업 후에 일본으로 박사 과정을 하러 가면 둥지 님도 함께 공부해서 자아실현을 하고 싶었다. 그런데 결혼 후 두 달 만에 첫 임신이 되었고 나무 님은 의학을 공부하고 있었는데 여러 갈등 상황이 생겨서 유학을 갈 수 없게 되어 임상으로 진로를 변경했다. 두 분이 삶의 방향을 계획했지만 하나님의 계획은 달랐다고 한다. 첫째는 딸이었는데 남편이 장손이니 아들도 있으면 좋겠다고 해서 함께 기도했고 둘째는 아들을 주셨다. 아들을 낳은 후 얼마 지나지 않아서 셋째 아이를 낳게 되어 둥지 님의 계획과는 달리 4년 만에 세 명의 자녀를 낳게 되었다. 세 아이를 낳고 집을 사고 병원도 확장이 되면서 하나님이 주신 축복이라고 생각할 즈음에 생각지 못한 어려움이 닥쳤다고 했다.

"병원을 확장하고 남편이 열심히 일을 하고 있던 중에 우리나라에 외환위기(IMF)가 왔어요. 저희 병원도 큰 타격을 받아서 운영이 어려워졌죠. 마침 미국인 선교사였던 지인이 남편을 중남미의 과테말라로 초청을 해서 남편은 과테말라로 일을 하러 가게 되었고 저는 한국에 남아서 아이들을 키우며 3년 동안 직장에 다녔어요. 그러던 어느 날 하나님께서 '네가 알지 못하는 나라를 네가 부를 것이며 너를 알지 못하는 나라가 네게로 달려올 것은 여호와 네 하나님 곧 이스라엘의 거룩하신 이로 말미암음이니라. 이는 그가 너를 영화롭게 하였느니라'(사 55:5)라는 말씀을 주셨어요. 처음에는 왜 이 말씀을 주셨을까 의아했는데 저와 아이들이 과테말라로 가기를 원하셨던 것 같아요. 그래서 말씀을 붙들고 과테말라로 가게 되었어요. 신기하게도 결혼 후 저희가 거처를 옮길 때마다 하나님이 아이를 주셨는데 과테말라로 갔을 때에도 하나님이 넷째 아이를 주셨어요."

그러나 넷째 아이를 주셨을 때 둥지 님은 '지금 우리가 망해서 이민을 왔는데 하나님이 사랑이시라면 지금 우리에게 필요한 돈을 주셔야지 왜 아이를 주셨을까?' 하는 생각에 마음이 어려웠다. 여러 상황이 어려운 가운데 있어서 아이를 낳아야 하나 고민이 되었다. 그러나 하나님은 특별한 계기를 통해 둥지 님의 마음을 바꿔주셨다고 한다.

"그즈음에 인터넷을 하다가 우연히 낙태 방지 사이트를 보게 되었어요. 태중에 있는 태아들의 주수별 실제 모습을 찍은 사진들이 보였고, 낙태를 할 때 아기가 어떤 반응을 하는지 보여주는 영상도 있었어요. 자궁 속에 있는 태아를 집게가 들어와서 집으려고 하니 작은 태아가 집게를 피해 도망가는 모습도 보게 됐어요. 영상이 끝난 후에 마지막 화면에는 이런 말씀이 적혀 있었어요.

'내가 너를 모태에 짓기 전에 너를 알았고 네가 배에서 나오기 전에 너를 성별하였고'(렘 1:5). 이 말씀 앞에서 제가 완전히 무너졌죠. 이 아이가 나한테 오기 전부터 하나님이 계획하신 아이였다는 것이 깨달아지면서 꼭 낳아야겠다고 생각하게 되었어요. 넷째를 낳고 돌잔치를 교회 체육관에서 했는데 온 교인들이 칭찬도 해주고 참 감사했어요."

넷째를 낳은 후 나무 님은 과테말라에 있는 산족 선교사로 헌신하기로 결심을 했다고 한다.

경제적으로도 어려운 상황이고 어린아이들이 넷이나 있는데 어떤 연유인지 궁금했다.

"제가 한국에서 진 빚을 좀 갚아보려고 과테말라에 갔을 때 도박에 손을 댔어요. 처음에는 너무 이익을 많이 봐서 빚을 갚을 수 있을 것 같은 생각에 계속하게 되었죠. 그런데 그렇게 모은 돈을 막판에 한꺼번에 다 잃고 말았어요. 그래서 그때 딱 멈추고 두 손 두 발 다 들고 하나님 앞에 나갔죠. 제가 모태 신앙이었지만 그전까지는 하나님을 깊이 만나지 못했던 것 같아요. 그런 일이 있은 후에야 하나님의 은혜를 경험했고 하나님이 산족에게 선교하러 들어가라는 마음을 주셨어요. 상황적으로는 아내도 있고 네 아이들도 너무 어리니 불가능한 일인 것 같아서 하나님께 이게 가능한 일인지를 여쭈었어요. 그때 하나님이 감당할 수 있는 힘을 주시겠다면서 '먼저 그의 나라와 그의 의를 구하라. 그리하면 이 모든 것을 너희에게 더 하시리라'(마 6:33)는 말씀을…."

나무 님은 하나님이 주셨던 말씀을 나누시다가 울컥해서 더 이상 말을 잇지 못하셨다.
둥지 님이 대신 말을 이어가셨다.

"남편이 미국인 선교사님들과 오지에 있는 산족을 위해 의료봉사를 일주일에 한 번씩 다녔었는데 어느 날 자기는 이제 그곳에 들어가서 선교를 할 거라고 선언을 하더라고요. 그때는 네 아이들 교육비도 빠듯하던 시기여서 저는 고민이 많이 됐어요. 그런데 남편과 떨어져 있던 3년을 경험해 봐서 그게 얼마나 좋지 않은지 아니까 다 같이 들어가기로 결심했죠.

　아무런 준비와 계획도 없이 순종해서 들어갔는데 마치 이스라엘 백성들이 요단강 물에 한 발을 내딛자 기적이 일어난 것처럼 하나님이 길을 열어주셨어요. 한국에 있던 제 동생들이 기도하면서 하나님이 형부를 선교사로 부르신 것 같다며 선교비를 모아서 보내주더라고요. 산족 선교를 하러 들어갔을 때 처음에는 선교 센터에서 여섯 식구가 방 하나에 살았어요. 그때 하나님이 남편에게 신유은사를 주셔서 의료선교를 통해 한 해에 1,600명이나 전도하게 하셨어요. 그리고 선교의 선물인 것처럼 다섯째 아이도 주셨죠. 저희가 거주지를 이동할 때마다 주셨는데 다섯째도 산족 선교지로 들어갔을 때 주시더라고요."

둥지 님은 지금은 웃으며 말했지만 당시에는 한국에 계신 양가 부모님들께는 출산 후에도 차마 말씀을 드리지 못 했다고 한다.

　"다섯째가 100일이 되었을 때 신기하게도 친정 엄마한테서 전화가 왔어요. 제 딸이 받았는데 아기 울음소리가 들리니까 엄마가 무슨 소리냐고 물어서 딸아이가 '엄마 애기 낳았어요!'라고 대답했어요. 엄마가 저를 바꿔달라고 하시더

　　　　　　　　　　　　　　　　生命이라는 선물

니 저한테 '너 미쳤니?'라고 말하고 전화를 뚝 끊어버리셨어요. 잠시 후 시어머님한테서도 전화가 왔어요. 또 아기 울음 소리를 들으시고 물어보시니 딸아이가 엄마가 아기 낳았다고 말했죠. 어머님도 저를 바꿔달라고 하셨는데 '안 늦었데이, 안 늦었데이…'하시면서 2년 전에 어머님이 태몽을 미리 꿨다고 좋아하셨어요. 제가 그때 서른아홉 살이었는데 어머님의 말씀이 너무 큰 위로가 됐어요. 이렇게 다섯을 낳아 보니 낳을 때마다 다른 고통이 있고 각 아이를 향한 하나님의 섭리와 계획이 있다는 것을 확신하게 됐어요. 그래서 경제적 상황이 어려워도 아이들 옷을 물려주지 않고 적게 사더라도 각 아이에게 맞는 옷을 사 주려고 노력했어요."

둥지 님은 다섯 자녀들을 낳기까지의 과정과 어려웠던 마음을 공감해줄 사람이 주변에 없어서 이렇게 가감 없이 이야기를 나눈 것은 처음이라고 하셨다. 마음 편하게 이야기하고 공감받을 수 있는 이 시간이 너무 좋고 감사하다고 했다. 둥지 님의 짧은 말 속에서 출산이 환영받지 못하던 시기에 연어처럼 세상의 가치를 거스르며 믿음으로 살아온 시간들의 수고로움이 읽혔다. 다섯 아이들을 오지에서 키우며 겪었을 시간들의 이야기도 궁금해 여쭈었다.

나무 님은 오지에서의 6년의 시간을 돌아보며 자녀들은 하나님이 책임지신다고 고백했다.

"한국에 돌아오니 사람들이 저한테 아는 사람 하나 없는 지구 반대편에서 일곱 식구가 어떻게 살았냐고 물었어요. 이론적으로 계산하면 다 굶어 죽었어야 하는 상황인 거죠. 실제로 제가 돈을 좀 벌어 보려고 사업도 해 봤는데 다 망했어요. 그런데 하나님이 때마다 필요한 것들을 다 채워주셔서 아이들도 다 가르치고 잘 먹이고 키울 수가 있었어요. 어느 날은 어떤 집사님이 하나님이 주라고 하셨다면서 산지에 들어갈 때 진흙 길에서도 잘 달리는 4륜 구동 자동차를 주셨어요. 먼저 그 나라와 의를 구할 때 하나님이 채우시는 것을 수없이 경험했어요."

둥지 님도 어려움 가운데서 경험한 하나님의 돌보심을 나누어 주셨다.

"저희 가정은 아이들이 많으니 경제적인 어려움이 제일 컸는데 하나님이 기막힌 방법으로 채워주셨어요. 어려운 시험이 왔을 때 막 그 파도에 휩쓸려 가려는 상황에서 해결해

생명이라는 선물

주시는 것을 여러 번 경험했어요. 옛날에는 부자가 되고 싶은 마음이 있었는데 '부자'가 되는 것이 아니라 '부요한 자'가 되어야 한다는 것을 깨닫게 됐어요.

제가 물질에 대해 염려할 때마다 남편이 자식은 여호와의 기업이니 우리는 기업의 회장인데 뭘 걱정하냐고 말하곤 했어요. 저희가 매일 아이들과 가정 예배를 드렸는데 늘 아이들과 공중의 나는 새도 먹이시는 하나님이시니 염려하지 말고 먼저 그의 나라와 의를 구하자고 했어요. 그 말씀이 실제가 되는 과정을 여러 번 경험하면서 아이들도 재정에 대한 훈련을 많이 받게 된 것 같아요."

어려운 환경 가운데서도 하나님은 이 가정의 필요를 채워주셨을 뿐만 아니라 자녀들이 서로를 사랑하고 연합하는 모습을 통해 나무 님과 둥지 님에게 보람과 감사도 안겨주셨다.

"아이들이 많으니 키우는 동안 어떤 시기에는 많은 빨래를 감당하는 것조차도 너무 힘이 들었어요. 이러다가 미치는 거구나 싶을 정도로 할 일이 많기도 했고요. 그래도 지금 생각해 보면 힘들었지만 아이들이 주는 에너지가 있어서 즐거웠고 아이들과 함께하며 저도 많이 성장했던 것 같아요. 제가 선교지에 가자마자 애들한테 가르쳐준 말씀이 있어요. '한 사람이면 패하겠거니와 두 사람이면 맞설 수 있나니 세 겹줄은 쉽게 끊어지지 아니하느니라'는 전도서 4장 12절 말씀이예요. '너희들이 뭉치면 삼겹 줄이 되는 거니 꼭 그렇게 살았으면 좋겠다'고 말해줬어요. 그랬더니 정말 큰아이들이 동생들 진로도 함께 고민하고 지도해주고 저희가 시대가 달라져서 잘 알지 못하는 것들을 동생들에게 가르쳐주기도 하더라고요. 게다가 형제가 많다 보니 가정 안에서 공동체성이 길러져서 사회에 나가서도 다른 사람들과의 관계를 잘 맺는 것 같아요. 밖에 나가면 자연스럽게 리더 역할을 감당하는 아이들도 있고요. 다자녀여서 아이들을 기르는 동안 다른 사람들보다 몇 배나 더 노력을 해야 했고 고생도 많았지만 저희가 고생한 것 이상으로 하나님이 아이들을 아름답게 키워주셨어요."

나무 님은 큰딸이 곧 결혼을 하는데 오랜 기도의 응답으로 하나님이 목사 사위를 얻게 해주셔서 너무 감사하다고 했다. 다른 자녀들에 대해서도 각자에게 주어진 삶을 하나님 안에서 열심히 살아가는 모습을 이야기하시며 흐뭇해하셨다. 자녀들이 자라서 여러 곳에 흩어져 있어 모두 다 같이 모이기는 힘든 요즘이지만 오히려 한 자녀씩 돌아가며 집중해서 데이트를 할 수 있는 시간들이 참 좋으시다며 미소를 감추지 못하셨다.

둥지 님은 다섯 자녀들을 낳고 키우며 깊이 새겨진 가정의 의미를 나누어주셨다.

"저는 결혼 전부터 자아실현의 욕구가 강했기 때문에 사실 45세까지도 의대를 가겠다고 마지막까지 발버둥을 쳤어요. 그런데 하나님이 아이들과 함께해야 하는 환경들로 옮기시더라고요. 선교지에서 두 아이를 더 낳아 다섯을 키우다가 귀국을 하는데 시간이 이렇게 흘렀고 나는 이제껏 뭘 했나 싶은 생각이 들었어요. 그때 하나님이 '아이를 출산하고 양육하는 것 자체가 사역이다' 하는 마음을 주시더라고요. 가정이 저의 사역지고 일터이고, 가족들에게는 완전한 휴식처예요. 무엇보다도 생명이 탄생되는 참 귀한 곳이죠. 하지만 자녀를 출산하고 양육하는 것은 십자가의 길인 것 같아요. 저는 공부만 하면서 자랐기 때문에 처음에 아기 기저귀를 갈다가 왜 내가 이런 일도 해야 하나 생각했어요. 공주에서 무수리로 전락한 느낌이었죠. 그런데 '한 알의 밀알' 비유가 저에게 위로가 됐어요. 밀알 한 알이 죽지 않으면 한 알 그대로 있지만 자기를 부인하고 온전히 썩어졌을 때 많은 열매를 맺

게 되는 것처럼 자기를 부인하는 일이 쉽지 않지만 맺힌 열
매들을 보고 기뻐하게 되는 거죠."

　인터뷰를 마치고 나오다가 벽에 걸린 가족사진에 시선이 멈췄
다. 아름답게 맺힌 다섯 열매가 나무 님과 둥지 님을 둘러싸고 있
었다. 액자 너머로 멀리까지 굽이굽이 길고 좁은 길이 나 있었다.
그 외롭고 험한 길 위에 나무 님과 둥지 님의 발자취가 보였다.
길을 내시고 앞서 인도하시며 함께 손잡고 걸어주시는 아바 아버
지의 흐뭇한 미소가 느껴졌다.

| 말씀이 삶이 되다 |

내가 진실로 진실로 너희에게 이르노니 한 알의 밀이 땅에 떨어져 죽지 아니하면
한 알 그대로 있고 죽으면 많은 열매를 맺느니라 (요 12:24)

　　　　　　　　　　　　　　　생명이라는 선물

Memo

가정을 살리는 가정

북한 땅이 바라다 보이는 강화도 최북단의 평화 전망대에서 식당과 카페를 운영하고 있다는 오 남매 가정을 소개받았다. 인터뷰 전 둥지 님과의 통화에서 둥지 님은 이혼의 아픔을 겪었지만 지금은 재혼하여 새로운 가정을 꾸리고 있다고 했다. 남북 분단의 아픔만큼이나 아팠을 이혼 과정, 그 아픔을 딛고 새로운 가정을 세우기까지의 여러 고갯길을 넘어왔을 것 같았다. 그 과정 가운데서 가정을 향한 내 생각보다 더 크신 하나님의 뜻을 보고 싶었다. 인터뷰를 앞두고 혹여나 결혼과 가정, 자녀에 대한 일반적인 질문에 나무 님과 둥지 님의 마음이 어렵진 않을까 조금은 조심스러운 마음으로 질문들을 조목조목 살피며 인터뷰 준비를 마쳤다.

마침 월요일은 식당 영업을 하지 않고 쉬는 날이라 나무 님과 둥지 님 두 분이 함께 약속 장소에 나오셨다. 다른 사람에게 꺼내 보이고 싶지 않을 수 있는 이야기들을 기꺼이 나누겠다는 용기를 낸 둥지 님의 사연이 궁금해졌다.

"삶의 이야기들을 나누기가 쉽지 않으실 텐데 인터뷰에 선뜻 응해주신 이유가 있을까요?"

이혼의 아픔을 겪었을 거라고는 상상하기 어려울 정도로 밝은 에너지가 넘치는 둥지 님이 서슴지 않고 과거의 이야기를 꺼냈다.

"사실 제가 처음 이룬 가정에서 실패를 경험했어요. 겉으로는 하나님 안에서 믿음의 가정을 세워가는 것이 우선순위인 척했지만 제 안의 성취감과 명예에 대한 욕망이 커서 가정보다 일이 우선순위였던 것 같아요. 아이들은 친정 엄마가 돌봐주셨고 사업이 승승장구하면서 전국을 돌아다니느라 집에서는 남편을 무시하고 여왕처럼 대접받기를 원했어요. 그러다가 사업도 어려움이 왔고, 가정도 깨졌어요. 이혼을 한 후 힘든 시간을 보내며 다시 하나님 앞으로 나갔고 가정을 깨뜨린 원인이 제 교만함임을 알게 되었죠. 그 후로 하나

생명이라는 선물

님이 여러 통로를 통해서 가정에 대한 하나님의 질서에 대해 공부를 하도록 인도하시는 것 같았어요. 가정이 얼마나 소중한지, 남편과 아내의 관계가 하나님 안에서 어떠해야 하는지를 뒤늦게야 알게 됐어요. 사실 이혼 후의 아픔으로 재혼할 마음은 전혀 없었어요. 그런데 힘든 상황에 있는 저에게 지금의 남편이 도움을 주었고 제가 생각하지 못한 방법으로 새로운 가정을 꾸리게 되었어요. 하나님이 허락해주신 가정이라는 생각이 들어서 가정에 대해 공부했던 것을 적용하려고 애쓰며 살고 있어요. 저희 가정을 어떻게 사용하기 원하시는지 기도하며 계속 여쭈었는데 제 안에 '가정을 살리는 가정'을 이루고 싶은 소원함이 생겼어요. 그래서인지 인터뷰 제안을 받자마자 정확히 어떤 뜻이 있는지는 모르겠지만 제 삶의 이야기를 나누고 싶다는 마음이 들었어요."

둥지 님은 이혼 전 가정에서 삼 형제를 낳았고 이혼 후에는 전 남편이 아이들을 양육하고 있다고 했다. 재혼 후에는 넷째 아들을 낳았고 둥지 님의 권유로 나무 님이 정관수술을 받았으나 하나님은 다섯째를 주셨다. 둥지 님은 미혼이었을 때부터 딸을 키워보고 싶은 마음이 간절했는데 다섯째는 딸이어서 하나님의 특별한 선물인 것 같다고 했다. 삼 형제가 2주에 한 번씩 둥지 님 가정에 와서 오 남매는 함께 시간을 보내고, 방학과 연휴 기간에는 더 긴 시간을 함께하기도 한다. 둥지 님과 나무 님은 삼 형제가 두 어린 동생들을 너무 예뻐하고 잘 돌봐주어 감사하다고 했다. 나무 님이 삼 형제가 오는 것을 환대하고 함께 즐거운 시간을 보내준다는 의외의 이야기에 자연스럽게 나무 님의 사연이 궁금해졌다.

"저는 사실 독신주의자였어요. 경상도 경주에서 종갓집 장손이었고 제사 드리는 사당이 있는 집에서 유교적인 교육을 받으며 자랐어요. 가정을 이룬다는 게 책임감과 부담감이 클 것 같고 왠지 삶이 깔끔하지 못하다는 생각이 들어서 독신을 고집했고 가족들도 모두 그렇게 알고 계셨죠. 유교적인 생각이 가득해서 교인들을 적처럼 생각했었는데 운동모임에서 아내를 만났고 아내의 권유로 교회에 처음 가게 되었어요. 처음으로 목사님의 설교를 들었는데 상식적이지 않은 노아 이야기를 해서 좀 짜증이 났어요. 두 번째 갔을 때 목사님이 자신이 죄인이라는 이야기를 하시는데 저의 죄가 생각나면서 눈물이 쏟아졌어요. 그 후로 말씀을 읽고, 여러 사건들을 경험하면서 제 마음이 움직이게 되었고 지금도 하나님에 대해 알아가고 있는 과정에 있어요. 교회에 다니면서 하나님 안에서 행복한 가정을 꾸리고 있는 성도님들을 보며 가정을 이루고 싶은 욕심이 차츰 생겨났어요."

생명이라는 선물

둥지 님이 나무 님의 이야기를 이어받았다.

"어느 날 형제가 저한테 '결혼에 대해서 어떻게 생각해?' 라고 묻더라고요. 저는 '다시는 결혼을 하고 싶지 않지만 우리 각자가 정말 하나님의 사랑을 알게 된다면 가능하지 않을까? 그렇게 되었을 때 다시 이야기해 보자'고 했었어요. 저에게는 아무것도 남아있지 않은 상태에서 다시 재혼을 하고 자녀를 낳고 이렇게 하나님 안에서 다시 가정을 세워가는 일이 기적 같은 일이고 너무 큰 은혜예요. 이제는 정말 가정을 하나님의 뜻대로 잘 꾸려가고 싶어서 가정을 지키기 위해 무척 애쓰고 있어요. 하나님이 남편을 가정의 머리와 제사장으로 세우셨으니 아내가 남편을 존중하고 순종할 때 남편도 아내가 더 사랑스럽게 느껴지게 하신다는 것을 체험하게 됐어요. '하나님의 진리 안에 가정에 대한 비밀이 있구나, 내가 진리에 순종할 때 하나님이 엄청 기뻐하시는구나'하고 느꼈어요. 그래서 제 핸드폰에 남편 이름을 '우리 집 제사장'이라고 저장해 두었어요."

"나무 님과 둥지 님의 결혼이 특별한 경우라서 어려움이 있었을 것 같은데 어땠나요?"

나무 님이 둥지 님과 결혼하기로 결정한 후 예상대로 시어머니님은 많이 놀라셨다고 했다. 나무 님은 어렸을 때부터 공부를 잘해서 좋은 대학을 갔고 유학을 다녀와서 고시공부를 하고 있던 터였는데 이혼 전에 아이도 세 명이나 낳았고 나이도 많은 여자와 결혼하겠다고 하니 마음이 어려우셨다고 한다. 그런데 나무 님이 둥지 님을 만나고 교회에 다니면서부터 술, 담배, 욕이 끊어지고 삶이 변화되는 것을 보시고 어느 순간 둥지 님을 받아주셨다. 결혼 후에는 삼 형제도 너무 예뻐해주시고 넷째와 다섯째를 낳았을 때에는 손수 몸조리도 해주셨다. 둥지 님은 자신의 여러 어려운 상황을 감수하고 며느리로 받아주신 마음이 너무 감사해서 무조건 어머님한테 맞추어야겠다고 각오했다. 그런데 어머님이랑 여러 면에서 잘 맞는 부분들이 있어 관계가 더 친밀해졌고 시누이도 오빠가 전과 너무 달라진 모습 때문에 둥지 님을 믿어주고 좋아해주어 너무 감사하다고 했다.

"삼 형제는 엄마의 재혼을 어떻게 받아들였나요? 나무 님과의 관계는 어렵지 않았나요?"

"둘째는 사실 민감한 아이라 어렸을 때는 재혼한 상황에 대해서 불편해하고 어려워했어요. 그런데 시간이 지나면서

생명이라는 선물

남편의 진심을 알게 되어 어느 순간 마음이 열렸더라고요.

셋째는 저에게 아픈 손가락이었어요. 너무 어렸을 때 저와 전남편의 이혼 과정을 겪으면서 정서적으로 불안해하고 산만한 경향이 있었어요. 그런데 재혼 후 남편이 셋째를 자기 아들처럼 유난히 예뻐해서 저에게 많이 위로가 됐어요. 삼 형제가 오는 날이면 남편이 너무 기뻐하면서 아이들 먹거리를 사서 차에 가득 실어요. 아이들이 오면 아이들이 좋아하는 음식도 만들어주고 몸으로 신나게 놀아줘요. 처음에는 아이들이 좀 어색해했지만 시간이 지나면서 남편의 진심을 알게 되니 지금은 저희 부부와 만나는 것도 너무 좋아하고 두 어린 동생들도 예뻐하고 잘 돌봐줘요. 큰아이는 지금 중학교 2학년인데 남편을 만나면 덥석 안아줘요. 남편이 삼 형제에 대한 제 마음을 잘 읽어주고 아이들을 진심으로 사랑해줘서 너무 고맙죠."

"나무 님은 원래 아이들을 좋아했었나요?"

"저는 원래는 모르는 사람과 대화하는 자리를 제일 싫어했어요. 혼자서 책 읽거나 공부하는 시간을 좋아하고 가족 외에는 다 불편해하는 사람이었어요. 그런데 삼 형제를 만났는데 아이들이 참 착하고 마음이 예뻐서 좋아하지 않을 수가 없었어요. 제가 이렇게 가족을 좋아하는 사람인지를 모르고 살았었는데 결혼을 하고 나서 아내랑 아이들과 함께하다 보니 가족이라는 게 참 좋더라고요. 결혼 전에는 멋진 외제 차에 대한 로망이 있었는데 지금은 차에 오 남매가 모두 다 탔을 때 뒤돌아보면 차가 꽉 찬 느낌이 너무 좋아요."

둥지 님은 나무 님이 하나님을 만나고 가정을 이루면서 짧은 시간에 많은 변화가 일어났다고 덧붙였다.

"남편이 변하는 모습을 보면서 하나님이 편애하시나 하는 생각이 들 정도로 하나님이 남편을 너무 사랑하시는 것 같아요. 남편이 가정에 대한 생각이 바뀌고 가정의 행복한 맛을 이제야 알게 된 것 같아요. 결혼 전의 모습과 완전히 통째로 바뀐 것 같은 생각이 들 정도예요. 전적인 하나님의 은혜라고 밖에 말할 수가 없어요."

둥지 님이 나무 님과 어린 두 남매와 함께 새로운 삶을 시작했지만 삼 형제에 대한 이야기를 할 때에는 슬픔이 배어 있는 것 같아 여쭈었다.

생명이라는 선물

"오 남매를 낳았는데 양육하면서 어떤 점이 힘드셨나요?"

"이혼한 후 삼 형제를 2주에 한 번밖에 만나지 못하니 아이들이 무엇을 어떻게 먹고 입고 지내는지, 학교에서 어떤 선생님들과 친구들을 만나고 어떻게 지내는지 잘 모르잖아요. 그런 것들을 생각하다 보면 어떤 날은 '나는 지금 뭘 하고 있는 거지? 애들에 대해 아무것도 모르고 있고' 하는 생각이 들면서 심장이 멎는 것처럼 답답하고 두려운 마음이 들 때가 있었어요. 그러면 내 마음을 그대로 올려 드렸어요. '하나님 제가 지금 아이들을 위해서 해줄 수 있는 게 아무것도 없는 것 같아요. 아이들이 길을 가다가 나쁜 사람들을 만날 수도 있으니 하나님이 아이들을 지켜 주세요.' 이렇게 하나님께 기도하는 것이 제가 할 수 있는 전부더라고요."

둥지 님은 눈물이 터져 한참동안 말을 잇지 못 했다. 세 아들의 엄마로서의 미안함과 안타까움이 느껴져 가슴이 먹먹해졌다.

"엄마로서 제가 아이들을 위해 할 수 있는 게 너무나 제한적이라는 것을 깨달았어요. 아이들의 삶을 하나님한테 의탁할 수밖에 없는 것 같아요. 제 친정 엄마가 저희를 기도로 키워 주셨던 게 생각났어요. 제가 어렸을 때 엄마가 안방에서 하루에 두 시간씩 기도하시는 걸 봤어요. 제가 실패를 딛고 다시 하나님 안에서 새롭게 살아갈 수 있게 된 것도 엄마의 기도 덕분이라고 믿어요. 지금도 저는 힘든 일이 있으면 친정 엄마한테 기도를 부탁하게 되고 엄마는 저를 위해 금식하며 기도해 주세요. 엄마의 기도가 제 삶에 큰 의지가 되어서 가끔 엄마에게 기도해 주셔서 감사하다고 말씀드려요. 저는 삼 형제를 자주 못 만나니 아이들을 위해서 더욱 기도하는 엄마가 되어야겠다고 다짐했어요."

독신주의자에서 가정을 사랑하는 남편과 아빠로 새로운 삶을 살아가게 된 나무 님은 가정을 통해 어떤 성장이 있었는지 궁금했다.

"제가 학습적인 영역은 곧잘 해서 학교도 빨리 졸업했지만 그 후로 성인으로서의 성장 과정이 많이 더디었어요. 어른으로서 갖추어야 하는 부분들이 너무 약해서 당황스러울 때도 많았어요. 그런데 결혼하고 가정을 이루면서부터 이제야 진짜 어른이 되어가는 것 같아요. 일단은 아이들이 많아지면서 가장으로서의 책임감이 계속 생기는 것 같고요. 아이들이 자라는 과정에서 거쳐 가야 하는 것들에 대해서도 좀

생명이라는 선물

가르쳐 주고 도와주는 아빠가 되고 싶어요."

지금까지 이 가정을 인도하신 하나님의 섬세한 손길을 느끼며
마지막 질문을 했다.

"두 분에게 가정은 어떤 의미이고, 앞으로 어떤 가정으
로 세워가고 싶으세요?"

나무 님은 잠시의 머뭇거림도 없이 가정은 '쉼터'라고 말했다.

"저한테 가정은 '쉼터'예요. 밖에서 일을 하다 보면 아무
래도 긴장감도 있고 날이 곤두 서 있다가 집에 가면 신경 다
끄고 편하게 쉴 수 있는 게 좋아요. 아이들이 편한 잠옷 차림
에 머리카락이 헝클어져 있는 모습을 보면 힐링이 돼요. 가
족들이 다 같이 집에서만 입을 수 있는 우스꽝스럽고 촌스러
운 옷으로 편하게 입고 한 공간에 있는 것을 너무 좋아해요."

실패를 딛고 일어선 둥지 님의 '가정'을 바라보는 시선이 남다
르게 다가왔다.

"저는 가정이 완전한 천국은 아니지만 천국을 미리 맛볼 수 있는 곳이라고 생각해요. 하지만 가정이 저절로 천국이 되는 게 아니라 보호하고 가꾸기를 애쓰고 욕심내야 한다는 걸 깨달았어요. '가정'이라는 이름으로 부모를 빚어 가시는 것 같고 저희도 계속 성장하는 과정에 있어요. 자녀 양육에 있어서도 전에는 아이들을 잘 먹이고 입히고 아이들이 잘되는 것에 목표를 뒀었는데 지금은 생각이 달라졌어요. 제가 살아보니 그게 중요한 게 아니더라고요. 하루를 살더라도 삶의 이유가 하나님을 예배하는 것에 있다는 걸 알게 됐어요.

저희가 운영하는 식당에 손님이 많을 때도 있지만 손님이 없을 때가 있어요. 물론 가게가 잘되어 돈을 더 많이 벌면 좋겠지만 그게 목표가 아니예요. 손님이 없는 빈 식당에서 북한을 바라보면서 기도하고 찬양을 해요. 그러면 그날은 그것으로 만족해요. 저희를 북한이 바라다 보이는 곳에 두신 이유가 있을 것 같아서요. 오 남매가 모두 하나님을 사랑하고 하나님 앞에서 예배자의 삶을 살아갔으면 좋겠어요. 그렇게 될 수 있도록 믿음의 유산을 물려줄 수 있는 엄마가 되고 싶어요. 제가 하나님 앞에 더 가까이 나아가면서 저도, 남편도, 아이들도 회복되는 많은 일들이 일어났어요. 식당에 선교사님들과 목사님들이 많이 오셔서 저희 가정을 위해 기도를 많

생명이라는 선물

이 해주셔서 너무 감사하고, 앞으로 하나님께서 저희 가정을 어떻게 사용하실지 기대가 되고 설레요.”

둥지 님의 마지막 대화를 통해 많은 아픔이 있었음에도 불구하고 둥지 님의 얼굴이 밝고 희망에 차 있는 이유를 알 것 같았다. 하루를 살더라도 하나님을 예배하는 예배자로 살고 싶다는 둥지 님의 하나님을 사랑하는 마음이 가슴을 울렸다. 인터뷰 시작 전에 가졌던 '재혼 가정'에 대한 부담감은 눈 녹듯이 사라지고 새로운 가정과 엄마의 눈물의 기도를 통해 오 남매가 하나님 앞에서 예배자로 살아가게 되기를 함께 기도했다. 아픔을 딛고 일어난 이 가정을 또 다른 가정을 살리는 일에 귀히 써주시기를 기도하고 기대하는 마음이 생겼다. 나의 생각보다 더 크고 깊고 넓으신 하나님의 선하심을 맛보게 하심에 감사하며 발걸음을 돌렸다.

| 말씀이 삶이 되다 |

찬송하리로다 그는 우리 주 예수 그리스도의 하나님이시요 자비의 아버지시요 모든 위로의 하나님이시며 우리의 모든 환난 중에서 우리를 위로하사 우리로 하여금 하나님께 받는 위로로써 모든 환난 중에 있는 자들을 능히 위로하게 하시는 이시로다 (고후 1:3,4)

열네 번째 만남

부르심을 따르는 삶

마지막 인터뷰를 위해 기도하던 중 강원도 태백에서 다섯 자녀를 양육하고 있는 한 가정이 떠올랐다. 몇 개월 전에 남편이 근무하고 있는 학교에 나무 님이 강의 차 오셨을 때 세 명의 자녀는 출산을 했고 두 명의 장애아를 입양했다는 이야기를 들려주셨다. 이 가정을 향한 하나님의 특별한 일하심이 있을 것 같다는 생각에 둥지 님도 꼭 만나보고 싶었다.

나무 님과 둥지 님은 기꺼이 인터뷰에 응해주셨고 비록 만남을 위해 3주의 시간을 기다려야 했지만 이 가정을 향한 하나님의 마음을 알게 해주시기를 기도하는 시간이 되었다.

나무 님과 둥지 님의 만남은 마치 하나님께서 핀셋으로 콕 집어 맞춰주신 두 조각의 퍼즐 같았다.

미국인인 둥지 님은 유창한 한국말로 두 분의 만남에 대한 추억을 차분히 열어주었다.

"저는 미국인이지만 부모님이 한국에서 사역을 해서 한국에서 자랐습니다. 제가 정체성의 혼란으로 힘든 시간을 보내고 있던 15세 때 하나님께서 어느 집회에서 저에게 이렇게 말씀하시는 것 같았어요. '북한으로 가서 살아라. 북한이 너의 집이다'라고요. 그 순간 어둠 가운데 있던 제 삶에 환한 빛이 비치는 것 같았어요. 저는 순종하고 헌신하겠다고 말씀드렸고 제 안의 정체성이 회복되기 시작했습니다. 그 후 미국에 있는 작은 기독교 대학에 가게 됐어요. 대부분이 미국인인데 한국 남학생 딱 한 명 있었어요. 제가 한국에서 살다 왔기 때문에 그 남학생한테 관심 있었죠.

우리는 생물학을 함께 공부하면서 친구가 됐어요. 둘 다한국에서 자랐기 때문에 한국 음식도 같이 먹었고 둘 다 전에 운동선수였어서 스포츠에 관심 많았어요. 서로 친밀해졌을 때 저는 우리가 어떤 관계인지 분명하지 않아서 '우리는 친구인가요 연인인가요?' 하고 물었어요. 나무 님이 몇 초 동안 생각하더니 '우리 연인합시다!' 하고 대답했어요. 사귄 지 몇 개월 뒤에 제가 '나는 북한에 대한 분명한 부르심이 있는데 나무 님도 언젠가 함께 갈 수 있어요?' 하고 물었더니 그러겠다고 대답을 해서 약혼을 결정했어요. 제가 스물한 살, 나무 님이 스물여섯 살에 결혼했습니다."

나무 님도 둥지 님과의 결혼을 확신하게 된 이유를 나누어주셨다.

"진로나 결혼을 결정할 때 저에게 우선순위는 사명자로서의 길을 가는 것이었어요.

고등학교 때 타문화 사역에 대한 하나님의 부르심에 순종하겠다고 결단했고 저를 해외 사역자로 나가게 하실 수 있으니 그것을 준비하기 위해 미국으로 유학을 가야겠다고 생각했어요. 미국에 있는 작은 기독교 대학에 가게 되었는데 얼마 지나지 않아서 한국에서 자란 미국인 자매가 한 명 입학을 했어요. 저는 결혼할 상대가 단지 주님을 알고 있거나 저를 따라오는 사람이 아니라 사명을 함께 감당할 수 있는 동역자이길 바라왔어요. 자매랑 이야기를 나누다 보니 어린 나이인데도 하나님의 부르심에 순종하기를 바라는 귀한 마음이 있어서 너무 매력적이었죠. 그 첫 단추가 끼워지니까 사실 결혼을 결정하는 게 어렵지 않았어요. 저는 옛날부터 일찍 결혼하는 게 주님께서 저에게 주신 사명이라고 생각해서 부르심이 맞으니 곧 결혼을 했죠."

부르심을 따라 결혼을 결정한 두 사람은 결혼 후 8년이 지났을 때 다섯 살과 두 살의 어린 자녀와 함께 북한 땅으로의 부르심에 믿음으로 순종하였다. 나무 님이 의료 사역을 위해 북한에 먼저 들어갔고 둥지 님은 셋째를 중국에서 출산한 후 아기가 6개월이 되었을 때 북한에 들어가 가족이 함께하게 되었다. 나무 님은 북한에서의 출산이 환경적으로나 상황적으로 어려움이 있어 더 이상의 자녀 계획은 없었다고 한다. 그러나 둥지 님은 결혼 전에 주변에서 다자녀를 둔 가정들을 많이 보아왔기에 결혼을 하면 자녀를 많이 낳고 싶었다. 둥지 님은 주변에서 한국 아이들을 입양한 가정들의 모습을 보며 자라서 자연스럽게 입양에 대한 소원함을 갖게 되었다고 했다.

"저는 결혼하면 아이들이 네 명 정도는 있으면 좋겠다고 생각했어요. 세 명을 낳았기 때문에 넷째는 입양을 하고 싶었어요. 북한에서 입양하고 싶었는데 저희가 외국인이기 때문에 북한 아이를 입양할 수 없다고 했어요. 국제 입양 단체를 통해서만 입양이 가능했어요. 중국에도 입양 요청을 했지만 저희가 북한 사역을 하고 있어 환경이 불안정하다며 두 곳에서 거절했어요. 하나님이 문을 열지 않으시면 불가능한 일이라고 생각해서 포기했어요. 그런데 어느 날 저희 셋째가 8살쯤 되었을 때 남동생을 원한다고 간절하게 말했어요. 그런데 입양이 저희 힘으로는 불가능하다는 걸 알았기 때문에 기도할 수밖에 없었어요. 막내가 3개월 동안 식사 전마다 남동생 위해 기도했어요.

그때 저희는 태국에서 열린 컨퍼런스 끝나고 휴가 갔어요. 거기서 3명의 자녀를 낳고 9명의 중국 아이들 입양한 미국인 가정 만났어요. 제가 너무 놀라 아이들 엄마한테 가서 어떻게 이 많은 아이들을 입양했는지 물었어요. 그분은 국제 입양 단체에서 일하는 분이었어요. 저희 사정을 말했더니 입양에 관한 문제 다 해결해주겠다고 했어요. 그때부터 입양 절차를 시작해서 1년쯤 후에 입양을 하게 됐어요. 국제 입양 단체는 특별히 장애아나 중고등학생들을 위한 단체였기 때문에 저희는 장애가 있는 세 살 반 된 중국 남자 아이를 입양했어요.”

나무 님과 둥지 님은 넷째를 입양하기까지의 과정이 힘들었지만 마음은 너무 기뻐서 다섯째 아이도 넷째 아이를 위해 중국 아이로 입양할 계획을 갖고 있었다. 그러나 중국 입양법이 바뀌어 나무 님과 둥지 님은 건강상의 이유로 입양이 허락되지 않았다. 더 이상의 입양은 하나님의 뜻이 아닌 것 같다고 포기하려고 할 때 큰딸이 '제가 기도하는데 하나님께서 다섯째 입양은 엄마 아빠를 향한 하나님의 분명한 뜻이라고 말씀하셨으니 순종해야 해요'라고 말해 하나님의 뜻으로 받고 순종하기로 하여 다섯째 입양을 다시 추진했다고 한다. 다행히 국제 입양 단체에서는 양부모 건강이 크게 문제가 되지 않는 동유럽의 조지아(Georgia)를 소개해 주어서 장애가 있는 두 살 반 된 딸을 입양하게 되었다고 한다. 나무 님도 두 아이를 입양하기까지의 마음을 나누어주셨다.

"사실 입양이라는 것 자체가 저에게 익숙하지 않고 또 주위에서 입양으로 인해 가족이 더 어려움을 겪을 수 있다는 이야기를 많이 해서 좀 망설였어요. 게다가 저희가 북한에서 사역을 하는 특수한 상황이었기 때문에 처음에는 과연 우리가 감당할 수 있을까 하는 두려움이 있었어요. 아내와 아이들이 원하는 일이어서 결국에는 입양을 하게 될 것을 아니까 더 힘들었죠. 그러나 결정적으로는 북한에서 장애아를 키우시는 부모님들의 마음을 이해하기 시작하면서 이분들의 아픔을 깊이 공감하고 그 아픔에 참여할 수 있으려면 우리도 같은 처지에 있어봐야 하는 것이 마땅한 일이라는 생각이 들어서 입양을 결정했어요."

둥지 님은 넷째와 다섯째 입양이 가족과 이웃에게 축복이 되었다고 고백했다.

"넷째는 약한 뇌성마비가 있었어요. 그리고 집중력과 청각에 문제가 있었고 섬세한 손가락 근육을 잘 쓰지 못해 잡기가 힘들었어요. 말도 좀 늦게 시작했고요. 그런데 지금은 너무 많이 회복되고 있는 과정에 있어서 얼마나 감사한지 몰라요.

다섯째는 한쪽 무릎 밑에 다리 부분이 없어서 무릎하고 발이 붙어 있었고 다른 쪽 다리는 발에 발가락이 7개가 있었어요. 두 눈은 약시가 너무 심해서 눈동자가 안쪽을 향했어요. 그래서 입양 후에 눈 수술을 두 번 했고 다리 수술을 네 번을 했어요. 여러 번의 수술과 입원을 하는 동안 너무 걱정이 되었지만 의족을 하고 두 발로 걸을 수 있게 되던 날 얼마나 행복했는지 몰라요. 아픈 아이들은 어떻게 돌보아야 더 회복될 수 있는지 알고 도와주고 싶어 신경발달 접근법에 따른 치료법 배웠어요. 우리 아이들 회복에 많은 도움이 되어 지금은 다른 장애아 부모님들에게 그 방법을 가르치고 있어요. 우리 아이들을 입양한 덕분에 다른 가정의 아이들의 회복도 보게 됐어요. 우리 애들이 우리 가족에게 큰 축복이 되었고 다른 가족들에게도 큰 축복이 되어서 너무 감사해요."

나무 님도 두 아이의 입양을 통해 경험한 은혜가 크다고 했다.

"아픈 두 아이가 저희 집에 와서 제가 경험한 가장 큰 은혜는 세 아이들이 아픈 동생들을 배려하고 돕기 위해서 자기 것을 희생하고, 어떻게 더 도울지 함께 고민하며 사랑을 만들어가는 모습을 지켜보는 거예요. 그것은 상상하지 못 했던 열매였어요. 그런 아이들의 모습을 보면서 저도 더 가족 사랑에 참여하는 법을 배우게 됐고 '가족 사랑'이라는 단어의 의미를 깊게 깨달았어요. 두 번째 은혜는 두 아이들 덕분에 제가 철이 들었다는 거예요.

아내가 두 아이들을 돌보는 걸 보면서 '저 사람이 세 아이 키우는 동안에 어떻게 이 많은 일을 혼자서 감당했지?' 하는 생각이 들었어요. 세 아이들을 키울 때 저는 사역으로 바빠서 아이들 양육은 당연히 아내가 해야 하는 일이라고 생각했었는데 아픈 아이들이 오고 나서 엄마가 아이들을 돌보는 걸 보면서 '저러다가 쓰러지겠다. 큰일 나겠다' 하는 생각이 들었어요. 결국 두 아이 입양이 제가 가사 일에 참여하는 계기가 되었지요. 아이들을 통해 저의 잘못된 사고방식들이 많이 부서졌습니다. 아침에 아내가 넷째와 다섯째 아이 신경발달 접근법 훈련을 시키는 동안 제가 아침을 준비하고, 전에는 안 하던 가사 일들도 돕기 시작했고 여러 다른 일들도 마땅히 함께 해야 하는 일들로 받아들이게 됐어요."

자녀들을 돌보기 위해 사랑의 수고를 하는 나무 님과 둥지 님의 모습에서 하나님 아버지의 성실하신 사랑이 만져지는 것 같았다. 이 가정을 통해 아팠던 두 아이의 몸과 마음이 차츰 회복되어 아름답게 자라갈 모습이 기대가 되었다.

나무 님의 이야기를 들으며 둥지 님의 자녀 양육의 과정들이 녹록지 않았을 것 같아 물었다.

"자녀들을 양육하는 데 어떤 어려움들이 있었나요?"

"저희 가족은 북한에서 사역을 하면서 아이들을 키웠기

때문에 다른 보통 가족들과 많이 달랐어요. 아이들을 학교에 보낼 수가 없어 세 아이들 홈스쿨링을 했어요. 주변에 아이를 키우는 친구도, 친척도 없어서 홀로 있는 느낌 많이 들었어요. 세 아이 역시 친구가 없어 외로운 시간이 많았을 거예요. 또한 제가 혼자 다 가르쳤기 때문에 아이들이 제대로 배우고 있는지, 아이들이 대학에는 갈 수 있는 실력이 있을지, 앞으로 어떻게 될지 두려움 있었어요. 그래서 첫째와 둘째가 대학교에 들어갔을 때는 너무 기뻤습니다. 지금 큰딸은 대학 졸업 한 학기 남았고 둘째는 대학에 다니는데 기적 같은 일이고 너무 감사한 마음이예요.

넷째와 다섯째는 조금 큰 후에 입양을 했기 때문에 애착을 형성하는 게 가장 힘들었어요. 사람은 모든 인생의 습관, 감정의 안정감이 태어난 후 첫 3년 동안에 만들어져요. 그런데 우리 애들은 태어나서 3년 동안 고아원에서 자라났기 때문에 혼자 있는 느낌 갖고 있었어요. 너무 사랑을 주고 싶었지만 사랑이 뭔지 모르는 것 같았어요. 제가 안아주고 뽀뽀해주고 사랑해주고 싶었지만 어떤 때는 거절했어요. 지금은 '엄마, 사랑해요'라고 날마다 말하지만 그렇게 하기까지 5년이 걸렸어요."

둥지 님의 이야기를 들으며 '사랑의 인내'라는 단어가 떠올랐다. 연약한 우리를 오래 참고 기다려주시며 변함없는 사랑을 베푸시는 아버지의 마음이 느껴졌다. 둥지 님은 자녀 양육 과정에서 자녀들도 함께 힘든 시간들을 겪기도 했지만 지금은 감사가 더 크다고 했다.

"아이들이 북한에서 힘들고 외로운 시간을 겪었지만 가장 감사한 것은 우리 가족이 하나님의 부르심을 따라가는 삶을 보면서 아이들의 믿음이 하나님 안에서 더 깊어져 가는 거예요. 큰딸이 대학에 다니는 동안 대장암에 걸렸어요. 수술을 했고 항암 치료를 받으면서도 학교 공부를 계속했어요. 힘든 시간이었지만 그 과정에서도 믿음을 포기하지 않고 잘 이겨내서 지금은 치료가 됐고 회복되는 중이예요. 부모는 당연히 자녀들이 잘 교육받고 잘 살기를 원해요. 그런데 더 중요한 것은 하나님 안에서 자라고 하나님께 순종하는 거예요. 세상적인 목표보다 그것이 제일 중요한 목표라고 생각해요."

자녀들에 대한 감사의 고백을 하는 둥지 님의 두 눈에 감사의 눈물이 맺혔다.

나무 님도 이어서 자녀들로 인한 감사의 마음을 고백했다.

"하나님이 북한이라는 곳에 저희를 사역자로 불러주셨지만 그곳에 아마 저희 부부만 들어갔으면 버티기 어려웠을 것 같아요. 주님께서 저희 가정에 아이들을 동역자로 보내주셔서 아이들을 통해서 어마어마한 사역의 문들이 열렸어요. 또 그렇게 일만 보지 않더라도 자녀와 함께하는 가정이라면 그것이 사실 교회이지 않습니까? 그래서 저희는 '교회를 이루었다'고 생각해요. 네 명이었던 교회가 일곱 명, 이제는 큰 사위까지 얻었으니 여덟 명이 이룬 교회가 되었죠. 가정이 교회이기 때문에 주님의 자녀들이 모이는 곳에 임하시는 하나님의 빛이 있잖아요. 영적인 측면에서 보면 공동체가 없는 북한이라는 영적으로 어두운 사회 안에 주님의 빛으로 저희 가정 교회를 세우셨던 게 아닐까 생각합니다."

스물한 살인 큰딸이 벌써 결혼을 했다는 이야기에 놀라 결혼 과정을 여쭈었다. 나무 님은 계속해서 딸에 대한 이야기를 이어갔다.

"저희 딸이 4년간 교제해 온 형제가 있었어요. 그 형제도 부모님이 사역자여서 북경에서 자랐어요. 딸이 스무 살에 암이 발견되어서 낙심하고 있을 때 저희가 딸이 있는 곳으로 가서 같이 있어줬어요. 그러던 어느 날 형제가 휴가를 내서 저희 딸을 보러 왔어요. 그런데 형제를 보자마자 딸아이 얼굴이 너무 밝아지는 거예요. 그래서 저희가 이제는 우리가 필요한 게 아니라 남편이 더 큰 힘이 되겠구나 생각해서 딸을 일찍 보내주기로 했죠. 형제는 딸이 수술을 받은 후 항암 치료를 받기 전에 결혼이라는 그 거룩한 일로 기쁨을 주고 싶고 결혼을 해서 항암 치료를 받는 힘든 시간 동안 곁에서 함께해주면 딸에게 격려가 될 것 같다고 했어요. 두 사람 다 더욱 기억에 남는 결혼식을 하고 싶다는 마음이 있어서 수술 후 예정보다 서둘러 결혼식을 올렸죠. 딸이 스물한 살, 형제가 스물두 살에 결혼했어요."

수술과 항암 치료 과정의 아픔의 시간을 함께하기 위해 예정보다 일찍 결혼했다는 이야기에 가슴이 뭉클해졌다. 결혼의 진정한 의미를 되새겨 보며 결혼에 대한 두 분의 견해가 궁금해져 여쭈었다.

"두 분에게 결혼은 어떤 의미인가요?"

둥지 님은 친정 엄마와 자신, 그리고 딸이 모두 스물한 살이 되

었을 때 결혼했다는 특별한 이야기로 말문을 열었다.

"우리 믿는 사람들의 결혼은 다른 사람들과 의미가 좀 다르다고 생각합니다. 결혼하게 되면 가정 안에 하나님 나라가 이루어진다고 생각합니다. 자녀를 낳아 제자를 삼으면 하나님 나라가 더 넓어지게 됩니다.

또한 결혼은 하나님의 사랑을 배워가는 통로가 된다고 생각합니다. 삼위일체 하나님이 서로 완전하게 하나이신 것처럼 부부도 하나가 되어가고 하나님과의 관계도 더 깊어집니다. 무엇보다 결혼은 부르심에 대한 순종이라는 생각이 듭니다. 물론 어떤 사람은 사도 바울처럼 독신으로 부르심을 받아서 더 열심히 하나님을 섬기는 사람도 있지만 하나님이 관계 안에서 우리를 성장하도록 부르셨다면 순종하면 좋겠습니다.

직장과 돈, 집이 결혼 조건이 아니라 하나님 안에서 부르심에 순종하는 것이 결혼의 조건이 되었으면 좋겠습니다. 경제적 조건이 갖추어지지 않아도 젊었을 때 결혼해서 가난하게 사는 것도 괜찮고 그냥 둘이 믿음 안에서 서로를 격려하며 사는 게 중요하다고 생각합니다."

결혼을 일찍 하는 것이 좋다는 둥지 님의 의견에 동의하며 나무 님도 결혼에 대한 견해를 이어갔다.

"일찍 결혼하는 것의 장점은 다 갖춰지지 않은 상태에서 독립을 하는 거니까 둘이 서로 더 의지하게 되고, 더 나아가서는 하나님을 더욱 의지하게 되는 것 같아요.

예수님과 하나님과 성령님이 서로에게 열려 있고 서로를 존중하고 어느 한 분이 힘으로 한 사람을 누르지 않고 함께 소통하고 서로를 품어주는 그 삼위일체 하나님의 속성이 부부 생활에서 훈련이 되는 거니까 그 과정은 되게 힘든 것 같아요. 서로 다른 배경에서 자라 다른 성향과 성격을 가진 두 사람이 서로를 이해하고 존중하며 소통하는 과정은 쉽지 않지만 삼위일체 공동체성을 가까이에서 연습할 수 있다는 건 큰 축복인 것 같아요."

하나님의 부르심을 따르는 삶이라는 같은 목표를 가지고 순종하며 나아가는 부부, 그런 부모님의 삶을 따라 하나님 안에서 믿음이 깊어가는 자녀들.

결혼과 가정과 자녀 양육에 대한 세상의 기준이 아닌 하나님

의 뜻에 순종하기 위해 연어처럼 거슬러 올라가는 귀한 가정과의
만남에 대한 감사로 마지막 인터뷰를 마쳤다.

| 말씀이 삶이 되다 |

그러므로 너희가 그리스도와 함께 다시 살리심을 받았으면 위의 것을 찾으라
거기는 그리스도께서 하나님 우편에 앉아 계시느니라 위의 것을 생각하고 땅의
것을 생각하지 말라 이는 너희가 죽었고 너희 생명이 그리스도와 함께 하나님
안에 감추어졌음이라 우리 생명이신 그리스도께서 나타나실 그때에 너희도 그
와 함께 영광 중에 나타나리라 (골 3:1-4)

생명이라는 선물

에필로그

순례의 끝에서 만난 순례의 시작

'이 책이 결혼과 가정과 자녀 양육을 향한 하나님의 마음을 담은 순전한 그릇이 되기 원합니다. 저는 너무나 부족하고 연약하지만 제 삶의 향유옥합을 깨뜨려 주께 드리기 원합니다. 하나님의 인도하심을 따르기 원합니다. 하나님이 예비하신 가정들을 만나도록 인도해주세요.'

첫 걸음을 떼며 하나님께 말씀드렸다.

하나님은 내가 생각하지 못한 방법으로 한 가정 한 가정을 만나게 해주셨다. 충남 서산에서 출발해 서울, 인천, 경기도, 강원도, 전라도, 대전, 부산, 제주까지의 긴 여정이 되었다. 마치 일부러 계획이라도 한 듯 전국 곳곳에 남겨진 그루터기 같은 가정들을 만나게 하셨다. 설렘과 기대로 시작된 길은 눈물과 감동의 여정이 되었다.

때로는 둥지 님들의 임신과 출산, 양육 과정에서의 힘듦이 공감이 되어 울컥하기도 했다. 때로는 한 생명을 향한 하나님의 크신 사랑이 깨달아져 눈시울이 젖기도 했다. 때로는 하나님의 깊은 위로와 격려를 느끼며 함께 울기도 했다.

열네 가정 모두, 어느 한 가정도 예외 없이 그들의 삶의 이야기를 듣는 가운데 각 가정을 향한 하나님의 마음을 부어 주셨다.

결혼하기까지의 각기 다른 특별한 만남들 속에
하나님의 섬세한 손길이 닿아 있었다.
깊은 상처로 가정에 대한 소망이 없던 자들에게
소망을 주시고 회복시키시는 하나님의 성실한 사랑이 있었다.
한 생명을 임신하고 출산하는 수고 가운데
언제나 손잡고 함께 계시는 하나님의 기쁨이 있었다.
자녀 양육의 힘든 고비마다 하나님 앞에 무릎 꿇는 부모에게
하나님의 잔잔한 위로와 격려가 있었다.
순례의 길 끝에서
하나님은
결혼과 가정과 자녀 양육을 통해

예수님의 십자가 사랑으로

우리를 자녀 삼으신

아바 아버지의 친밀한 사랑을 알기 원하심을 알게 되었다.

순례의 길 끝에서

자녀 양육을 위한 희생과 헌신은

예수 그리스도의 십자가 고난에 동참하여

복음을 살아내는 일임을 실감하게 되었다.

순례의 길 끝에서

알이 가득 담긴 둥지를 받치고 있는

나무가 심긴 땅 아래에는

하나님에 대한 '사랑'과 '순종'이라는 뿌리가

땅 속 깊이 뻗어가고 있음을 발견하게 되었다.

순례의 길 끝에서

열네 가정을 통한 하나님의 열심이

생명이라는 선물이 되어

어두운 세상 가운데 빛으로 나아가는

순례의 시작임을 보게 되었다.